Manchmal wird das *Wort* zum *Zeichen*

Texte für schwere Stunden

Herausgegeben von
Sylvia Brathuhn, Christoph Drolshagen,
Ida Lamp und Catrina E. Schneider

Gütersloher Verlagshaus

Bibliografische Information Der Deutschen Bibliothek

Die Deutsche Bibliothek verzeichnet diese Publikation in der Deutschen Nationalbibliografie; detaillierte bibliografische Daten sind im Internet über http://dnb.ddb.de abrufbar.

ISBN 3-579-06806-7

Umschlaggestaltung: Init GmbH, Bielefeld
Druck und Bindung: Těšínská Tiskárna AG, Česky Tesín
Printed in Czech Republic

www.gtvh.de

Inhalt

Einführung

Texte, Gedichte, Lieder, Gebete für Zeiten von Abschied, Tod und Trauer

In den schweren Momenten des Lebens verschlägt es uns manchmal die Sprache. Fassungslos angesichts einer Erkrankung, die das ganze Leben ändert, in Frage stellt, vielleicht sogar sein Ende bedeutet, fehlen die Worte. Worte, die ausdrücken, wie wir fühlen und denken, was wir hoffen und fürchten, was uns quält und niederdrückt, Worte, mit denen wir uns einander mitteilen könnten, Worte, die aufrichten, trösten und mit-aushalten.

In dem vorliegenden Band sind Texte zusammengestellt, die helfen wollen, die Sprachlosigkeit zu überwinden. Sie stammen von Menschen, denen Ähnliches widerfahren ist. Die von ihnen verbliebenen Worte geben Auskunft von der Art ihrer Auseinandersetzung mit dem gewussten oder geahnten Abschied. Ihre niedergeschriebenen Gedanken lassen uns Anteil nehmen an ihrem Versuch, mit der Krankheit, dem Sterben, dem Tod und der Trauer umzugehen. Als Betroffene, als Angehörige oder Freunde, als professionelle oder ehrenamtliche BegleiterInnen dürfen wir sie nutzen und weitersagen, wo immer wir das Gefühl haben, sie könnten uns oder anderen eine Hilfe sein.

Als Herausgeber haben wir uns bei der Textwahl leiten lassen von den Fragen und Themen betroffener Menschen, denen wir in unseren Tätigkeitsfeldern in der Hospizarbeit begegnen. Die ausgewählten Texte versammeln Prosa und Lyrik, philosophische Texte und Erfahrungsberichte, Sinngeschichten, biblische Texte, Gebete und Lieder. Die Akzentsetzungen der Kapitel nehmen Maß an Situationen und Befindlichkeiten, die betroffene Menschen durchlaufen können, angefangen bei der Diagnose einer schrecklichen Krankheit über den Aufschrei »Warum ich« bis zu einem endgültigen Abschied mit all dem vielschichtigen und widersprüchlichen Erleben, das jeden Einzelnen von uns prägt.

Wir wünschen uns allen, wenn wir dieses Buch in die Hand nehmen, dass es uns ermutigt, Worte zu finden und Zeichen zu entdecken, die uns einander nahe sein lassen, wenn wir uns von so vielem entfernen müssen.

Sylvia Brathuhn, Christoph Drolshagen,
Ida Lamp und Catrina E. Schneider

Sylvia Brathuhn, geboren 1957, Fachkrankenschwester für Intensivpflege und Anästhesiedienst, Diplom- Pädagogin, Entspannungs- und Gesundheitstrainerin, Referentin in der Erwachsenenbildung, Vorstandstätigkeit im Neuwieder Hospiz e.V.; Tätigkeitsschwerpunkte: Aus-, Fortbildungs- und Gesprächsangebote für krebskranke Menschen und deren Angehörige, für Trauernde und hospizlich Tätige sowie Seminare und Workshops für Erwachsene zu den Themen Sterben, Tod und Trauer.

Christoph Drolshagen, geboren 1959, Studium der Theologie und Pastoralpsychologie, Krankenhaus-Seelsorgeausbildung, Zusatzqualifikation zum Supervisor; seit 1999 Stabsstelle »Fachberatung Hospiz« bei der Marienhaus GmbH, Waldbreitbach, Schwerpunkt seiner Tätigkeit; Aufbau, Weiterentwicklung und konzeptionelle Begleitung von acht Hospizen, Projekte zur Sterbebegleitung in Krankenhäusern und Altenheimen; verschiedene Veröffentlichungen zu Themen der Pastoralpsychologie, Beratung und Hospizarbeit; Vorsitzender der Waldbreitbacher Hospiz-Stiftung; lebt mit seiner Familie in Andernach.

Ida Lamp, geboren 1961, Dipl.-Theologin, 1986–1999 freiberuflich tätig als Kommunikationstrainerin und Journalistin; 1999–2004 Seelsorgerin des Franziskus-Hospiz Hochdahl, derzeit Projektleiterin im Altenheim Reginenhaus Rhynern und freie Tätigkeit in Supervision, Coaching, Projektbegleitung und Einzelbegleitung in (bzw. für) Krankenhäusern, Altenheimen und Hospizen (= Palliative Care; Schwerpunkte: Sterbe- und Trauerbegleitung, Demenz, Ethik); verschiedene Veröffentlichungen zu Themen der Theologie, Pastoralpsychologie, Beratung und Hospizarbeit.

Catrina E. Schneider, geboren 1961, Dipl.-Theologin, Trauerbegleiterin, Systemische Familientherapeutin/-Supervisorin; Ausbildung in klinischer Seelsorge und Trauerbegleitung; von 1997–2004 in der Hospizarbeit tätig als Referentin, Koordinatorin und Bildungsbeauftragte; seit 2003 Seelsorgerin am St. Josefshaus, Hausen/Wied; Therapie und Beratung vornehmlich trauernder Menschen in eigener Praxis; freiberufliche Tätigkeit in Fortbildung und Supervision zum Themenkreis Sterben, Tod, Trauer, Hospizarbeit und Seelsorge.

1. »Ich gehe dem Tod aus dem Weg«

Wir müssen alle sterben. Wie banal das klingt! »Irgendwann einmal«, mag man dennoch rasch anfügen, solange man keine infauste Prognose erhalten hat. Dass ich an der Reihe bin, das will keiner von uns wahrhaben, bis es sich unabweisbar aufdrängt. »Wir gehen ihm aus dem Weg« (Rose Ausländer), dem Sterben, dem Tod, obwohl er lebenslang um uns wirbt, allezeit im Untergrund und Hintergrund unseres Lebens steht. Denn die vielen Abschiede, die wir nehmen, sind doch »ein bisschen wie sterben«. Ja, manche Schmerz-Erfahrungen lassen uns den Tod als Freund erscheinen.

Aber kein Abschied ist so wie der letzte. Unwiederbringlich.

Keiner der endgültigen Abschiede, die wir von einem anderen nehmen, der vor uns geht, lehrt uns wohl wirklich den eigenen Abschied aus diesem Leben.

Ist es wirklich der Wunsch von uns allen, wie es Kurt Marti schreibt, »dass der Tod uns einst treffe/plötzlich und sanft«?
Über unsere Gedanken und Wünsche das Sterben, den Tod betreffend sollten wir reden, denn das Gespräch über ihn vermag unser Leben zu verändern.

Ida Lamp

Ich gehe ihm aus dem Weg
laufe ihm in den Weg
der lebenslang um mich wirbt
mit schwarzer Magie

Ich verwandle ihn
in ein Wort
drei Buchstaben
der Wohlklang tut weh
Rose Ausländer

Wunsch
den jedermann teilt
gebet von gebetlosen auch
dass der tod uns einst treffe
plötzlich und sanft
von einer sekunde zur anderen
leichter behender
wie gemsen im fels
wie fische im meer
ließe sich leben
wüssten wir diesen wunsch
uns gewährt
Kurt Marti

Märchen vom Tod

Es waren zwei Menschen, ein Mann und ein Weib, und sie hatten einander lieb. [...] Deshalb beschlossen die beiden Menschen, aus der Zeit in die Einsamkeit zu gehen, weit fort von Uhrenschlagen und von den Geräuschen der Stadt. Und dort erbauten sie sich in einem Garten ein Haus. Und das Haus hatte zwei Tore, eines an seiner rechten, eines an seiner linken Seite. Und das rechte Tor war des Mannes Tor, und alles Seine sollte durch dasselbe in das Haus einziehen. Das linke aber war das Tor des Weibes, und was ihres Sinnes war, sollte durch seinen Bogen eintreten. So geschah es. Wer zuerst erwachte am Morgen, stieg hinab und tat sein Tor auf. Und da kam dann bis spät in die Nacht gar manches herein, wenn auch das Haus nicht am Rande des Weges lag. Zu denen, die zu empfangen verstehen, kommt die Landschaft ins Haus und das Licht und ein Wind mit einem Duft auf den Schultern und viel anderes mehr. Aber auch Vergangenheiten, Gestalten, Schicksale traten durch die beiden Tore ein, und allen wurde die gleiche, schlichte Gastlichkeit zuteil, so dass sie meinten, seit immer in dem Heidehaus gewohnt zu haben. So ging es eine lange Zeit fort, und die beiden Menschen waren sehr glücklich dabei. Das linke Tor war etwas häufiger geöffnet, aber durch das rechte traten buntere Gäste ein. Vor diesem wartete auch eines Morgens – der Tod. Der Mann schlug seine Tür eilends zu, als er ihn bemerkte, und hielt sie den ganzen Tag über fest verschlossen. Nach einiger Zeit tauchte der Tod vor dem linken Eingang auf. Zitternd warf das Weib das Tor zu und schob den breiten Riegel vor. Sie sprachen nicht miteinander über dieses Ereignis, aber sie öffneten seltener die beiden Tore und suchten mit dem auszukommen, was im Hause war. Da lebten sie nun freilich viel ärmlicher als vorher. Ihre Vorräte wurden knapp, und es stellten sich Sorgen ein. Sie begannen beide schlecht zu schlafen, und in einer solchen wachen, langen Nacht vernahmen sie plötzlich zugleich ein seltsames, schlürfendes und pochendes Geräusch. Es war hinter der Wand des Hauses, gleich weit entfernt von den beiden Toren, und klang, als ob jemand begänne, Steine auszubrechen, um ein neues Tor mitten in die Mauer zu bauen. Die beiden Menschen taten in ihrem Schrecken dennoch, als ob sie nichts Besonderes vernähmen. Sie begannen zu sprechen, lachten unnatürlich laut, und als sie müde wurden, war das Wühlen in der Wand verstummt. Seither bleiben die beiden Tore ganz verschlossen. Die Menschen leben wie Gefangene. Beide sind kränklich geworden und haben seltsame Einbildungen. Das Geräusch wiederholt sich von Zeit zu Zeit. Dann lachen sie mit ihren Lippen, während ihre Herzen fast sterben vor Angst. Und sie wissen beide, dass das Graben immer lauter und deutlicher wird, und müssen immer lauter sprechen und lachen mit ihren immer matteren Stimmen.

Rainer Maria Rilke

Ich glaube, dass die Krankheiten Schlüssel sind,
die uns gewisse Tore öffnen können.
Ich glaube, es gibt gewisse Tore,
die einzig die Krankheit öffnen kann.
Es gibt jedenfalls einen Gesundheitszustand,
der uns nicht erlaubt, alles zu verstehen.
Vielleicht verschließt uns die Krankheit einige Wahrheiten;
ebenso aber verschließt uns die Gesundheit andere oder führt uns davon weg, so dass wir uns nicht mehr darum kümmern.

André Gide

Schlussstück

Der Tod ist groß.
Wir sind die Seinen
lachenden Munds.
Wenn wir uns mitten im Leben meinen,
wagt er zu weinen
mitten in uns.

Rainer Maria Rilke

Die anderen Brücken

Du hast einen schönen Beruf, sagte das Kind zum alten Brückenbauer, es muss schwer sein, Brücken zu bauen.

Wenn man es gelernt hat, ist es leicht, sagte der alte Brückenbauer, es ist leicht, Brücken aus Beton und Stahl zu bauen. Die anderen Brücken sind viel schwieriger, sagte er, die baue ich in meinen Träumen.

Welche anderen Brücken?, fragte das Kind.

Der alte Brückenbauer sah das Kind nachdenklich an. Er wusste nicht, ob es verstehen würde. Dann sagte er: Ich möchte eine Brücke bauen von der Gegenwart in die Zukunft. Ich möchte eine Brücke bauen von einem zum anderen Menschen, von der Dunkelheit in das Licht, von der Traurigkeit zur Freude. Ich möchte eine Brücke bauen von der Zeit in die Ewigkeit, über alles Vergängliche hinweg.

Das Kind hatte aufmerksam zugehört. Es hatte nicht alles verstanden, spürte aber, dass der alte Brückenbauer traurig war. Weil das Kind ihn wieder froh machen wollte, sagte es: Ich schenke dir meine Brücke. Und das Kind malte für den Brückenbauer einen bunten Regenbogen.

ANNE STEINWART

Ein Gleiches

Über allen Gipfeln
Ist Ruh,
In allen Wipfeln
Spürest du
Kaum einen Hauch;
Die Vögelein schweigen im Walde.
Warte nur, balde
Ruhest du auch.

JOHANN WOLFGANG VON GOETHE

Der Tod im Pflaumenbaum

In einem Dorf des Artois lebte eine gute alte Frau, der es das größte Vergnügen bereitete, den Unglücklichen zu helfen. Alle, die an ihre Tür klopften, konnten sicher sein, mit einigen Sous und einem ordentlichen Stück Weißbrot wieder abzuziehen. So kam es, dass die Bettler der Nachbardörfer niemals das Haus der alten Frau übergingen.

Ein großer Heiliger, an dessen Namen ich mich nicht mehr erinnere, hatte oftmals mit der guten Frau gespeist, wenn seine Geschäfte im Artois ihn in die Nähe des Dorfes riefen, und eines Tages sagte er zu seiner Gastgeberin: »Der liebe Gott hat mir die Macht verliehen, Euch einen Wunsch zu erfüllen, was es auch immer sei. Überlegt es wohl, und dann sagt mir, was Ihr Euch wünscht.«

Die Frau überlegte lange, dann sprach sie: »Ich habe einen großen Pflaumenbaum in meinem Garten. Ich möchte, dass ich jeden, der hinaufklettert, um Pflaumen zu pflücken, dort festhalten kann, solange es mir beliebt.«

»Euer Wunsch ist recht seltsam, gute Frau. Aber da Ihr es so wollt, soll Eure Bitte erfüllt werden.« Damit verabschiedete sich der Heilige von der Alten und kehrte in den Himmel zurück.

Zehn Jahre später kam der Tod am Haus der alten Frau vorüber. ›Sie ist bald achtzig Jahre alt‹, sagte er zu sich; ›sie hat ihren Teil gelebt. Ich werde sie heute mitnehmen.‹ Und der Tod trat ins Haus. »Sieh da, bist du's, Tod? Ich wartete schon lange auf dich. Ich bin bereit zu gehen, und ohne Bedauern. Ach nein, ich irre mich; bevor ich diese Erde verlasse, möchte ich noch einige Pflaumen essen.«

»Wenn's weiter nichts ist; warte einen Augenblick.« Schnell ging der Tod in den Garten, kletterte auf den Pflaumenbaum, pflückte Pflaumen und wollte wieder hinunter. Aber die alte Frau beobachtete ihn und befahl: »Ich will, dass der Tod nicht ohne meine Erlaubnis vom Baum herunter kann.«

Und der Tod konnte sich noch so sehr ereifern, er konnte noch so drohen, bitten, schreien, wettern, es war ihm unmöglich, vom Pflaumenbaum herunterzukommen.

Sechs Monate starb niemand auf Erden. Die Gebrechlichen, die Verletzten, die Kranken litten furchtbar und riefen den Tod, der nicht kam.

Am unglücklichsten von allen waren jedoch die Ärzte, denen es nicht einmal gelang, das elendeste Geschöpf sterben zu lassen. Einer dieser Ärzte, der ein großer Freund des Todes war, eilte herbei, um ihm vom Baum herunterzuhelfen; aber alles, was erreichte, war, dass er dessen Schicksal teilen musste.

Schließlich kam man von überall, um die Frau zu bitten, den Tod gehen zu lassen. Die gute Alte war einverstanden, jedoch stellte sie die Bedingung, dass sie den Tod drei Mal rufen müsste, bevor er sie holen dürfe.

Der Tod stieg vom Baum und begann von neuem, die Lebenden zu schlagen wie früher, zur großen Erleichterung der einen, zur großen Verzweiflung der andern.

Die alte Frau aber wurde bald so gebrechlich, so verbraucht, so hilflos, dass sie eines Tages drei Mal den Tod rief, und so kam sie ins Paradies, um den Platz einzunehmen, der für sie durch ihre guten Taten bereitstand.

Französisches Märchen

Wenn in der lauen Sommerabendfeier
durch goldne Luft ein Blatt herabgeschwebt,
hat dich mein Wehen angeschauert,
das traumhaft um die reifen Dinge webt;
wenn Überschwellen der Gefühle
mit warmer Flut die Seele zitternd füllte,
wenn sich im plötzlichen Durchzucken
das Ungeheure als verwandt enthüllte,
und du, hingebend dich im großen Reigen,
die Welt empfingest als dein eigen:
in jeder wahrhaft großen Stunde,
die schaudern deine Erdenform gemacht,
hab ich dich angerührt im Seelengrunde
mit heiliger, geheimnisvoller Macht.

Hugo von Hofmannsthal

Da der Tod – genau zu nehmen – der wahre Endzweck unseres Lebens ist, so habe ich mich seit ein paar Jahren mit diesem wahren, besten Freunde des Menschen bekannt gemacht, dass sein Bild nicht nur nichts Schreckendes mehr für mich hat, sondern recht viel Beruhigendes und Tröstendes. Und ich danke meinem Gott, dass er mir das Glück gegönnt hat, mir die Gelegenheit zu verschaffen, ihn als den Schlüssel zu unserer wahren Glückseligkeit kennen zu lernen.
Ich lege mich nie zu Bette, ohne zu bedenken, dass ich vielleicht, so jung als ich bin, den anderen Tag nicht mehr sein werde [...] Und für diese Glückseligkeit danke ich alle Tage meinem Schöpfer und wünsche sie von Herzen jedem meiner Mitmenschen.

Wolfgang Amadeus Mozart

Glück auf

Gar viel hab' ich versucht, gekämpft, ertragen;
Das ist der tiefen Sehnsucht Lebenslauf,
Dass brünstig sie an jeden Fels muss schlagen,
Ob sich des Lichtes Gnadentür tät' auf,
Wie ein verschütt'ter Bergmann zu den Klüften
Heraus sich hauet zu den heitern Lüften.

Auch ich gelang' einst zu dem stillen Gipfel,
Vor dem mich schaudert in geheimer Lust.
Tief unten rauschen da des Lebens Wipfel.
Noch einmal dunkelrührend an die Brust,
Dann wird es unten still im weiten Grunde
Und oben leuchtet streng des Himmels Runde.

Wie klein wird sein da, was mich hat gehalten,
Wie wenig, was ich Irrender vollbracht.
Doch was den Felsen gläubig hat gespalten:
Die Sehnsucht treu steigt mit mir aus der Nacht
Und legt mir an die wunderbaren Schwingen,
Die durch die Stille mich nach Hause bringen.

Joseph von Eichendorff

Friedhof in Maghrebinien

Ein Wanderer besucht einen alten Friedhof in Maghrebinien.
Er staunt, weil auf den Grabsteinen steht:
Drei Tage gelebt, zwanzig Tage gelebt, vierzig Tage gelebt.
Der Friedhofsgärtner kommt und der Wanderer fragt ihn,
ob damals eine Krankheit gewütet habe.
Der Friedhofsgärtner verneint und sagt:
»Wir zählen nur die Tage, an denen jemand wirklich glücklich war.«

Quelle unbekannt

Trost

Unsterblich duften die Linden –
was bangst du nur?
Du wirst vergehn, und deiner Füße Spur
wird bald kein Auge mehr im Staube finden.
Doch blau und leuchtend wird der Sommer stehn
und wird mit seinem süßen Atemwehn
gelind die arme Menschenbrust entbinden.
Wo kommst du her? Wie lang bist du noch hier?
Unsterblich duften die Linden. –

Ina Seidel

Mir war klar, dass ich nicht nur vor Kummer nach einem Halt suchte, sondern auch aus Angst. Mein Vater, begriff ich plötzlich, hatte immer zwischen mir und dem Tod gestanden, einmal weil er so stark war, so furchtlos, so unerschrocken, zum anderen wegen seines Berufes. Solange er nicht tot war, konnte ich nicht sterben, aber wenn er sterben würde, war ich danach an der Reihe. Es war gleich, ob dieses Danach sofort eintreten würde oder nach vielen Jahren: Es war danach. Wenn er starb, gab es die einzige Person nicht mehr, die zwischen mir und dem Tod stand.

Maarten ’t Hart

Wenn ein Mensch stirbt,
dann stirbt mit ihm sein erster Schnee
und sein erster Kuss und sein erster Kampf …
all das nimmt er mit sich fort.
Die Menschen gehen fort …
Da gibt es keine Rückkehr.
Ihre geheimen Welten können nicht
wiederentstehen.
Und jedes Mal möchte ich von neuem
diese Unwiederbringlichkeit hinausschreien …

JEWGENIJ JEWTUSCHENKO

Was mich bedrückt

Nun
irgendwie wird
irgendwas schon werden
irgendwann

ich hab auch – ehrlich –
keine angst vor dem
was später sein wird – jenseits – dann –
danach.

Was mich bedrückt
sind jene letzten tage
– vielleicht auch stunden und minuten –

sind jene augen-blicke
in eine welt die ich
verlassen soll.

Was mir den tod so leicht macht?
das danach

was mich am sterben ängstigt?
das zuvor.

LINUS DAVID

Wer Schmetterlinge lachen hört,
der weiß, wie Wolken schmecken.
Der wird im Mondschein, ungestört von Furcht,
die Nacht entdecken.

Der wird zur Pflanze, wenn er will,
zum Stier, zum Narr, zum Weisen
Und kann in einer Stunde
durchs ganze Weltall reisen.

Der weiß, dass er nichts weiß,
wie alle anderen auch nichts wissen.
Nur weiß er, was die andern
und auch er selbst noch lernen müssen.

Wer in sich fremde Ufer spürt
und den Mut hat, sich zu recken,
der wird allmählich, ungestört vor Furcht,
sich selbst entdecken.

Abwärts zu den Gipfeln
seiner selbst bricht er hinauf,
den Kampf mit seiner Unterwelt
nimmt er gelassen auf.

Wer Schmetterlinge lachen hört,
der weiß, wie Wolken schmecken.
Der wird im Mondschein, ungestört von Furcht,
die Nacht entdecken.

Wer mit sich selbst in Frieden lebt,
der wird genauso sterben
und ist selbst dann lebendiger
als alle seine Erben.

NOVALIS

[Der Tod] ist das Ende von allem uns Vertrauten und Bekannten, von jedem Besitz der großen Güter des Lebens. All das Schöne, das wir sehen und hören, werden wir nicht mehr sehen und hören. Vor allem bricht jeder Kontakt mit dem geliebten Menschen ab; absolute Einsamkeit tritt ein, ja das Ende der schönen, freundlichen Gewohnheiten des Lebens, wie Goethe in Egmont sagt. Der Tod steht als ein Versinken des Nichts vor uns. Die Hände, mit denen wir greifen und so vieles tun können, werden leblos; alle Wärme schwindet; unser Leib, in dem wir uns »zu Hause« fühlen, wird steif, leblos, kalt – nein, er wird verwesen, sich stinkend zersetzen!

DIETRICH VON HILDEBRAND

Ich glaube keinen Tod; sterb ich gleich alle Stunden,
So hab ich jedes Mal ein besser Leben funden.

ANGELUS SILESIUS

Jeder fühlt, dass er etwas Anderes ist, als ein von einem Andern einst aus Nichts geschaffenes Wesen. Daraus entsteht ihm die Zuversicht, dass der Tod wohl seinem Leben, jedoch nicht seinem Daseyn ein Ende machen kann. [...] Je deutlicher Einer sich der Hinfälligkeit, Nichtigkeit und traumartigen Beschaffenheit aller Dinge bewusst wird, desto deutlicher wird er sich auch der Ewigkeit seines inneren Wesens bewusst.

ARTHUR SCHOPENHAUER

Was ist denn schließlich der Mensch in der Natur?

Ein Nichts im Hinblick auf das Unendliche, ein All im Hinblick auf das Nichts, eine Mitte zwischen dem Nichts und dem All, unendlich weit davon entfernt, die Extreme zu begreifen.

Das Ende der Dinge und ihr Anfang sind in einem undurchdringlichen Geheimnis unüberwindlich für ihn verborgen.

Er ist ebenso unfähig, das Nichts zu sehen, aus dem er gezogen ist, wie die Unendlichkeit, von der er verschlungen ist.

Was bleibt ihm anderes übrig, als dass er einen Schein von der Mitte der Dinge wahrnimmt, in ewiger Verzweiflung, weder ihren Anfang noch ihr Ende zu erkennen?

Alle Dinge sind aus dem Nichts hervorgegangen und setzen sich bis ins Unendliche fort.

Wer kann diesen erstaunlichen Schritten folgen? Der Urheber dieser Wunder begreift sie. Kein anderer vermag es.

BLAISE PASCAL

Nur die Krankheit nimmt dem Sterben seinen Glanz.

JEAN PAUL

Wer wir sind und wann wir eigentlich leben, weiß bis heute niemand. Noch dunkler, wie und wohin wir dann gehen: Sterbende treten ab, als was? Das fault und stäubt ein wenig, doch darum handelt es sich nicht. Der schlechte oder gute Name geht in die Erinnerung einiger Überlebender, bleibt dort eine Weile stehen. Aber die Menschen selber, als Kerne dieser Nachrede, fahren zu einem unbekannten Ziel. Selbst das Nichts, das die Ungläubigen zudiktieren, ist unvorstellbar, ja im Grund noch dunkler als ein Etwas, das bliebe.

Geht einer aus der Türe, so kann man ihn zwar gleichfalls nicht mehr sehen. Auch er verschwindet, als ob er stürbe, mit einem Male, der Zug biegt um die Ecke. Dennoch besteht, selbst bei weiten und gefährlichen Fahrten, der einleuchtende Unterschied, dass der lebend Abreisende auf unsrer Ebene bleibt, und zwar buchstäblich: man kann ihn auf unserm Plan ohne Auf oder Ab der Bewegung wieder erreichen. Jedoch der Sterbende wechselt die Ebene; er geht entweder als pure Leiche in ein unvorstellbares Nichts, das höchstens chemische Vorgänge übrig lässt, oder aber er steigt auf, der »Seelenvogel«, verschwindet in einem offenen, hochgelegenen Tor. Die Türe, aus der er weggeht, wird zu einem Maul, das ihn so einsam und hohl verschluckt, wie jeder seinen Tod allein bestehen muss; oder aber sie wird zum Eingang in ein Etwas, das man nicht weiß und das keine Körpermauern mehr hat. Dies Letztere ist das »einleuchtend« Näherliegende, obwohl keinerlei Realurteil darüber ergehen kann. Aber die Betroffenheit ist sonderbar, die das Tor überall hervorruft, wo es an Bildern und Geschichten erscheint; die Wand des Einschlafens und das Tor des Sterbens.

Ernst Bloch

Wenn ich von Freunden Abschied nehme, so bringt mir das mehr Kummer als Trost. Das ist eine gesellschaftliche Verpflichtung, die ich leicht vergesse; es ist für mich der einzige unangenehme Freundschaftsdienst. So würde ich am liebsten auch das große und ewige Abschiednehmen vergessen. Der Beistand beim Sterben mag ja allerlei Gutes haben, sicher bringt er viel Beschwer. Ich habe viele recht elend sterben sehen, belagert von dem ganzen Gefolge; bei diesem Gedränge müssen sie ja ersticken. Einen in Ruhe sterben lassen, gilt als Pflichtverletzung, als Lieblosigkeit und Gleichgültigkeit; der eine hat es auf die Augen, der andere auf die Ohren, wieder einer auf den Mund abgesehen; keinen Sinn, kein Glied lassen sie ungeschoren. Vor Mitleid krampft sich einem das Herz zusammen, wenn man die Freunde jammern hört, und leicht auch vor Ärger, wenn man das geheuchelte und geschauspielerte Klagen mitanhören muss. Wer immer empfindlich gewesen ist, der ist es in der Todesschwäche noch mehr; er braucht in dieser großen Not eine liebe Hand, die mit ihm fühlt, die ihn streichelt, wo es ihm gerade wehtut; oder die ihn gar nicht anrührt.

Ich denke, beim Sterben werde ich meine Standhaftigkeit nicht beweisen und damit prahlen wollen. Für wen? Da hört alles Recht auf meinen guten Ruf und alles Interesse daran auf. Ich begnüge mich mit einem innerlich gesammelten, stillen und einsamen Tod, der ganz mein Tod ist und zu meinem eingezogenen Leben passt: im Gegensatz zu dem altrömischen Aberglauben, wo der für unglücklich galt, der starb, ohne zu sprechen, und der nicht seine nächsten Verwandten dabei hatte, ihm die Augen zuzudrücken. Beim Sterben hat die Gemeinschaft nicht mitzuspielen; dieser Akt ist ein Monolog. Zum Leben und Lachen gehören die Unseren dazu; Sterben und ein saures Gesicht ziehen, dazu passen Unbekannte besser, gegen Bezahlung können wir einen Pfleger haben, der uns den Kopf richtig legt, der uns die Füße warm reibt, der uns nur so viel drückt, wie wir wollen, und uns dabei eine gleichgültige Miene zeigt. Dabei können wir uns aufführen und jammern, wie es uns ums Herz ist …

Michel de Montaigne

So hat also das schauderhafteste Übel, der Tod,
für uns keine Bedeutung, da ja, solange wir leben,
der Tod nicht anwesend ist, sobald aber der Tod eintritt,
wir nicht mehr leben werden.

EPIKUR

Wir sind alle zum Tode gefordert, und es wird keiner für den andern sterben, sondern jeder muss in seiner Person geharnischt und gerüstet sein, mit dem Tode zu kämpfen. – Wir können wohl einer den anderen trösten und zu Geduld, Streit und Kampf ermahnen, aber kämpfen und streiten können wir nicht für ihn, sondern es muss jeder selbst auf seiner Schanze stehn und sich mit den Feinden, dem Teufel und Tode messen, allein mit ihm im Kampf liegen.

MARTIN LUTHER

Herbst (1902)

Die Blätter fallen, fallen wie von weit,
als welkten in den Himmeln ferne Gärten;
sie fallen mit verneinender Gebärde.

Und in den Nächten fällt die schwere Erde
aus allen Sternen in die Einsamkeit.

Wir alle fallen. Diese Hand da fällt.
Und sieh dir andre an: es ist in allen.

Und doch ist Einer, welcher dieses Fallen
unendlich sanft in seinen Händen hält.

RAINER MARIA RILKE

Herr, du warst unsere Zuflucht von Geschlecht zu Geschlecht.
Ehe die Berge geboren wurden, / die Erde entstand und das Weltall,
bist du, o Gott, von Ewigkeit zu Ewigkeit.
Du lässt die Menschen zurückkehren zum Staub und sprichst:
›Kommt wieder, ihr Menschen!‹
Denn tausend Jahre sind für dich / wie der Tag,
der gestern vergangen ist, wie eine Wache in der Nacht.
Die Menschen gleichen dem sprossenden Gras.
Am Morgen grünt es und blüht,
am Abend wird es geschnitten und welkt.
Denn wir vergehen durch deinen Zorn,
werden vernichtet durch deinen Grimm.
Du hast uns're Sünden vor dich hingestellt,
unsere geheime Schuld in das Licht deines Angesichts.
Denn all uns're Tage gehn hin unter deinem Zorn,
wir beenden unsere Jahre wie einen Seufzer.
Unser Leben währt siebzig Jahre, und wenn es hoch kommt,
sind es achtzig. Das Beste daran ist nur Mühsal und Beschwer,
rasch geht es vorbei, wir fliegen dahin.
Wer kennt die Gewalt deines Zornes und fürchtet sich
vor deinem Grimm?
Unsre Tage zu zählen, lehre uns.
Dann gewinnen wir ein weises Herz.
Herr, wende dich uns doch endlich zu!
Hab Mitleid mit deinen Knechten!
Sättige uns am Morgen mit deiner Huld!
Dann wollen wir jubeln und uns freuen all unsre Tage.
Erfreue uns so viele Tage, wie du uns gebeugt hast,
so viele Jahre, wie wir Unglück erlitten.
Zeig deinen Knechten deine Taten und ihren Kindern
deine erhabene Macht!
Es komme über uns die Güte des Herrn, unsres Gottes. /
Lass das Werk unsrer Hände gedeihen, ja, lass gedeihen das Werk
unsrer Hände!

Psalm 90

Gott weiß, was wir für Gebilde sind; er denkt daran: Wir sind nur Staub. Des Menschen Tage sind wie Gras, er blüht, wie die Blume des Feldes. Fährt der Wind darüber, ist sie dahin; der Ort, wo sie stand, weiß von ihr nichts mehr.

PSALM 103, 14-16

O Herr, gib jedem seinen eignen Tod,
das Sterben, das aus jenem Leben geht,
darin er Liebe hatte, Sinn und Not.
Denn wir sind nur die Schale und das Blatt.
Der große Tod, den jeder in sich hat,
das ist die Frucht, um die sich alles dreht.

RAINER MARIA RILKE

Mitten im Leben sind wir vom Tod umfangen.
Kehr's um! Mitten im Tod sind wir vom Leben umfangen,
so sagt es und glaubt es ein Christ.

MARTIN LUTHER

2. »Der Tod hat auf mich ein Auge geworfen«

Wenn der Tod ein Auge auf uns geworfen hat, ist nichts wie vorher. Der Tod ist radikal. In seiner Nähe verändert sich die Beziehung zu uns selbst und zu den Menschen in unserer Umgebung. Die Ahnung oder Gewissheit des nahenden Lebensendes beeinflusst die Art und Weise, wie wir die Dinge und die Menschen, die uns begegnen, wahrnehmen.

Je näher der Tod rückt, desto erfahrbarer wird, dass sich die Wege der Bleibenden und die Wege der Gehenden unvermeidbar, unaufhaltsam trennen. Viele Situationen erhalten ihre Bedeutsamkeit als Vorbereitung auf den endgültigen Abschied. Alles, was getan, gesagt, gehofft oder gezweifelt wird, verdichtet sich in der als begrenzt erfahrenen Zeit. Unsere Beziehungen können gekennzeichnet sein von wachsender Entfremdung, aber auch von inniger Nähe. Bis zur Schwelle können wir mitgehen mit all dem, was wir an Liebe, Verständnis, Geduld, Pflege, Sympathie und Zeit einbringen können. Die letzten Schritte aber werden alleine gegangen. Keiner kann den anderen beim Weg über die Schwelle begleiten: die Schwelle des Todes und die Schwelle des Weiterlebens weisen in verschiedene Richtungen. Nicht nur den sterbenden Menschen hat der Blick des Todes getroffen. Auch die ihn Begleitenden werden von ihm gestreift. Eine solche Erfahrung mit dem Tod ist erschütternd; sie kann aber auch zur Hilfe für die Zurückbleibenden werden, die sich der Kostbarkeit des Lebens bewusst geworden sind angesichts seiner Begrenztheit.

CATRINA E. SCHNEIDER

Blindlings

Der Tod hat
auf mich
ein Auge geworfen

Ich durchschaue ihn
stelle ihm eine Falle
stelle mich tot

Er fällt nicht herein
liebäugelt mit meiner
Totenmaske

Ich öffne die Augen
und gehe ihm
blindlings entgegen

ROSE AUSLÄNDER

Schließlich, an einem heißen, feuchten Tag im August 1994, gingen Morrie und seine Frau Charlotte ins Sprechzimmer des Neurologen, und er bat sie, sich zu setzen, bevor er ihnen die Mitteilung machte: Morrie hatte amyotrophische Lateralsklerose (ALS), eine brutale, unbarmherzige Krankheit des Nervensystems, in den USA auch Lou-Gehrig-Krankheit genannt. Es gab, soweit bekannt, kein Heilmittel dagegen.

»Wie hab' ich das bekommen?«, fragte Morrie.

Niemand wusste es.

»Ist es tödlich?«

»Ja.«

»Also werde ich sterben?«

»Ja, das werden Sie«, sagte der Arzt. »Es tut mir sehr Leid.«

Er saß fast zwei Stunden lang mit Morrie und Charlotte zusammen und beantwortete geduldig ihre Fragen. Als sie gingen, gab der Arzt ihnen einige Informationen über ALS mit auf den Weg, kleine Broschüren, als wollten sie ein Bankkonto eröffnen. Draußen schien die Sonne, und die Leute gingen ihren Geschäften nach. Eine Frau steckte hektisch Münzen in die Parkuhr. Eine andere schleppte Tüten mit Lebensmitteln. Eine Million Gedanken gingen Charlotte durch den Kopf: Wie viel Zeit haben wir noch? Wie werden wir damit fertig werden? Wie werden wir die Rechnungen bezahlen? Auf einmal sah mein alter Professor die Normalität des Tages um sich herum mit anderen Augen. Er war verblüfft. Sollte die Welt nicht anhalten? Wissen sie nicht, was mir passiert ist?

Aber die Welt hielt nicht an, sie nahm überhaupt nicht Kenntnis, was geschehen war, und als Morrie kraftlos die Tür des Wagens aufzog, fühlte er sich, als fiele er in ein Loch.

Und nun?, dachte er.

MITCH ALBUM

Was ist es, das den eigenen Tod so fürchterlich macht? Warum ist es erst der eigene Tod, der alles verändert, mehr als es der Tod des anderen je kann? Der Augenblick, in dem ich erfahre, dass ich sterben muss, ist der Moment, der mir die Wahrheit unbarmherzig wie ein Spiegel vorhält; die Wahrheit, dass ich allein bin – in einen Körper eingesperrtes Bewusstsein, allein im weiten Universum. Sie springt ins Auge, dröhnt in den Ohren, dringt kalt in die Haut ein, drückt mit tonnenschwerer Last. Es ist der Augenblick, der zeigt, dass alles kein Spiel war. Es war die ganze Zeit da, jetzt ist es so weit. Es ist die Wirklichkeit, die sich erbarmungslos Raum schafft in unserer unwirklichen Ersatzwelt. Es ist dieser Augenblick, der uns in die Fassungslosigkeit stürzt, der wir unser ganzes Leben lang bedurft hätten.

ANGELIKA ALITI

Meine Erfahrung war die: Wir leben das Leben besser, wenn wir es so leben, wie es ist, nämlich befristet. Dann spielt auch die Dauer der Frist kaum eine Rolle, da alles sich an der Ewigkeit misst. [...] Nicht nur die Christen, sondern besonders die Nicht-Christen, von Seneca und Montaigne bis, wenn Sie wollen zu Heidegger, waren der Meinung, dass das Leben mehr Sinn habe, wenn man an den Tod denkt, als wenn man den Gedanken an ihn beiseite schiebt, verdrängt. [...] Was soll sich denn ändern im Leben, wenn wir an den Tod denken? Wir werden ein weiseres Herz gewinnen, wie der Psalmist sagt. Wir werden sorgfältiger umgehen mit der Zeit, sorgfältiger mit den anderen, liebevoller, wenn Sie es so wollen, geduldiger – und vor allem freier. Niemand kann uns mehr nehmen als das Leben, und dieses wird uns ohnehin genommen. [...] Ich kann Ihnen sagen, weil ich es in den letzten Monaten erlebt habe, dass der Gedanke an den Tod das Leben wertvoller macht.

Peter Noll

Noch bist du da

Wirf deine Angst
in die Luft

Bald
ist deine Zeit um
bald
wächst der Himmel
unter dem Gras
fallen deine Träume
ins Nirgends

Noch
duftet die Nelke
singt die Drossel
noch darfst du lieben
Worte verschenken
noch bist du da

Sei was du bist
Gib was du hast

ROSE AUSLÄNDER

Ich habe keine Probleme mehr, mein Leben ist in ein breites Flussbett geraten und treibt gemächlich zum Meer, ohne Hindernisse, ohne Umwege, ohne Tiefen und Strudel. Es sieht eine freundliche Landschaft an seinen Ufern vorüberziehen, nicht abwechslungsreich aber auch nicht beunruhigend, es ändert seine Geschwindigkeit nicht, aus Trägheit und Gewöhnung, fließt geruhsam dahin, verweilt nicht, drängt nicht, kennt keine anderen Bedürfnisse als dieses beschauliche Dahingleiten, bis es eines Tages im Meer münden wird, aufgehoben für die Ewigkeit, auf die es nicht vorbereitet ist.

Auf seinem dunklen Grunde aber führt dieses Wasser die Sehnsucht nach dem verlorenen Bergquell mit sich, nach den Mühen der Gebirge, es möchte aus dem sonnigen Flussbett ins ungewisse einer verirrten

Strömung, in dunkles Gestein vorstoßen, das nirgendwohin führt oder ins Paradies. Es möchte sich in einem abseitigen Bergsee ergießen, sein Geheimnis spüren, bei den Fremden, den Schweigsamen, den Fischen bleiben, möchte dann in Stromschnellen mit allen Gefahren sich messen, noch einmal jünger oder stärker werden oder sterben im Rausch. Wenn es wenigstens große Schiffe getragen hätte, dieses geruhsame Wasser, wenn es die Menschen erfrischt, die Paddler aufgeregt hätte, wenn es Sterbende umspült und in sanften Wogen tröstend an seinen Grund gezogen hätte.

Maxie Wander

Streng blickte ihn der Arzt mit einem Auge durch die Brille an, als wollte er sagen: Angeklagter, wenn Sie sich nicht in den Grenzen der an Sie gerichteten Fragen halten wollen, so werde ich mich gezwungen sehen anzuordnen, dass Sie aus dem Sitzungssaal entfernt werden. »Das, was ich für notwendig und angezeigt hielt, habe ich Ihnen bereits mitgeteilt«, entgegnete der Arzt. »Weiteres wird die Untersuchung ergeben.« Und der Arzt verneigte sich.

Iwan Iljitsch schritt langsam hinaus, setzte sich niedergeschlagen in den Schlitten und fuhr heim. Während der Fahrt überlegte er ununterbrochen alles, was der Arzt gesagt, und gab sich die größte Mühe, dessen verwickelte und unklare wissenschaftliche Ausdrücke in eine einfache Sprache zu übersetzen, um in ihr die Antwort auf seine Fragen lesen zu können: ob es schlecht stehe oder ob es vielleicht noch nichts Ernstliches sei? Und der Sinn alles dessen, was der Arzt gesprochen, schien ihm, dass es sehr schlecht stünde. Was immer Iwan Iljitsch auf der Straße sah, schien ihm bekümmert zu sein. Die Droschkenkutscher waren bekümmert, doch auch die Vorübergehenden und die Läden waren bekümmert. Und der Schmerz, dieser dumpfe, bohrende Schmerz, der nicht eine Sekunde lang nachlassen wollte, schien in Verbindung mit den unbestimmten Reden des Arztes jetzt eine neue und viel ernsthaftere Bedeutung zu erhalten. Mit einem neuen und schweren Empfinden begann Iwan Iljitsch ihn jetzt zu belauern.

Leo Tolstoi

16. Juli 1977

Es ist drei Uhr morgens, und ich kann nicht schlafen. Frau Klausner neben mir röchelt und ist bewusstlos. Die Schwester war eben da, fühlte ihren Puls und rannte weg, um den Arzt zu holen. Draußen dämmert es, die Nacht war seltsam schwül und schwer. Die Angst in den Morgenstunden, das Erwachen aus Träumen, Erkennen der Wirklichkeit, wer wird dieses Entsetzen jemals verstehen, der es nicht selbst erlebt hat. Jossl versteht, er hat es erlebt. Ich lüge, spiele ihm Heiterkeit vor, aber meine Augen können nicht lügen. Manchmal merke ich, wie er mit Tränen kämpft. Er glaubt an mich. Er glaubt an irgendwelche verborgenen Kräfte in mir, oder glaubt er an ein Wunder? Er hat so viele Wunder gesehen.

Und dann wieder eine Stunde voll Wärme und Entzücken. Wir sitzen beisammen, ruhig, wunschlos. Naschen Früchte und andere gute Sachen, die er mitbringt. Vorsichtig, zwei Löffelchen Kompott, das genügt. Braucht man mehr, um die Süßigkeit des Lebens in allen Fasern zu spüren? Jeder Tropfen ist kostbar und herrlich. Aber auch voll Bitterkeit. Warum und wofür müssen wir so teuer bezahlen? Ich glaube manchmal, verrückt zu werden. In meinem Kopf jagen die Bilder einander, wie auf einem Filmstreifen. Was ich alles gesehen hab! Woher dieses innere Fieber? Eben haben sie Frau Klausner mitsamt dem Bett aus dem Zimmer geschoben. Ich bin allein. Auf dem Gang wird's lebendig, das Scharren der Füße, das Getuschel der jungen Schwestern, Türengeklapper. Es ist hell draußen, die Amseln haben ihr großes Morgenkonzert beendet. Wie viel Freude hat uns viele Jahre lang dieses Schmettern aus Amselkehlen gebracht, wenn wir morgens erwachten, einen Blick in den taufeuchten Garten warfen, uns ansahen und wieder weiterschliefen, eingehüllt in Wärme, Vertraulichkeit und Glück. Ahnungslos. Nein, doch voller banger Ahnung. Wie oft haben wir drüber gesprochen, leise, mit tiefer Scheu – dass wir diesem Glück nicht trauen. Und jetzt? Ich darf nicht undankbar sein. Ich verstehe nun die Unrast der letzten Jahre, Freds Ausbruchversuche, unsere Hektik und Ungeduld, den Hunger nach Erlebnissen, nach Menschen, nach Landschaften. Auch unsere Streitigkeiten, unsere lächerlichen Zwiste ...

MAXIE WANDER

Nachts

I.

Es hat an meine Tür geklopft.
Ich wagte kein »Herein«!
Doch klopfte es ein zweites Mal,
Ich sagte wohl nicht nein.
Noch war das Sterben mir so fremd.
Das war, als es begann.
Doch, schläft man oft im Totenhemd,
Gewöhnt man sich daran.

II.

Die Nacht,
In der
Das Fürchten
Wohnt,
Hat auch
Die Sterne
Und den
Mond.

MASCHA KALÉKO

»Jemand hat mir gestern eine interessante Frage gestellt«, sagte Morrie jetzt, wobei er über meine Schulter hinweg auf den Wandbehang hinter mir schaute, ein Quilt voller hoffnungsvoller Botschaften, die Freunde für seinen siebzigsten Geburtstag gestickt hatten. »Was war die Frage?«, fragte ich.

»Ob ich mir darüber Sorgen machen würde, dass man mich, nachdem ich gestorben bin, vergessen könnte?«

»Und? Machst du dir welche?«

»Ich glaube nicht, dass ich vergessen werde. Ich habe so viele Leute, die einen sehr engen Kontakt mit mir hatten. Und Liebe ist der Weg, wie du lebendig bleibst, selbst nachdem du gegangen bist.«

»Klingt wie eine Zeile aus einem Lied: Liebe ist der Weg, wie du lebendig bleibst!«

Morrie kicherte. »Vielleicht. Aber Mitch, was ist mit all diesen Gesprächen, die wir führen? Hörst du dir jemals meine Stimme an, wenn du wieder daheim bist? Wenn du allein bist? Vielleicht im Flugzeug? Vielleicht in deinem Auto?«

»Ja«, gab ich zu.

»Dann wirst du mich nicht vergessen, nachdem ich gegangen bin. Denk an meine Stimme, und ich werde bei dir sein.«

Denk an meine Stimme.

Mitch Albom

»Trage mich ans Fenster«, bat Marianne mich. »Ich möchte zum letzten Mal den Sonnenuntergang sehen.«

»Aber es wird dich ermüden.«

»Ich bitte dich. Zum letzten Mal.«

Ich schlug die Decken zurück und hob sie auf meinen Armen heraus. Sie war so abgemagert, dass sie nicht mehr wog als ein Kind. Sie schob den Vorhang vom Fenster zurück.

»Ja«, sagte sie. »Ich erinnere mich. Es war immer so schön.« Dann ließ sie den Vorhang fallen. »Für dich wird alles weitergehen«, fügte sie schluchzend hinzu.

Ich bettete sie wieder zurück; ihr Gesicht war gelb und wie zerdrückt; man hatte ihr das Haar abgeschnitten, weil sein Gewicht zu schwer für sie war; ihr Kopf war so klein geworden, dass er mich an die einbalsamierten Köpfe auf dem indianischen Dorfplatz erinnerte. »So vieles wird geschehen«, sagte sie. »So viele große Dinge. Und ich werde sie nicht sehen!«

»Du kannst der Krankheit noch sehr lange Widerstand leisten. Der Arzt hat uns gesagt, dein Herz sei sehr gesund.«

»Lüge nicht!«, rief sie heftig aus. »Du hast mich genug belogen! Ich weiß, dass es zu Ende ist. Ich gehe und gehe allein. Du aber bleibst zurück, ohne mich und für immer.«

Sie fing leidenschaftlich zu schluchzen an. »Ganz allein! Ganz allein lässt du mich diesen Weg antreten!«

Ich nahm ihre Hand und drückte sie stark. Was hätte ich darum gegeben, zu ihr sagen zu können: Ich sterbe mit dir! Im selben Grab wird man uns zur Ruhe betten, wir haben unser Leben gehabt, und nun bleibt nichts mehr davon!

»Morgen«, sagte sie, »wird die Sonne untergehen, und ich bin nirgends mehr. Nur mein Körper wird noch sein. Und wenn du eines Tages meinen Sarg öffnen lässt, wirst du nichts darin finden als ein wenig Asche. Selbst die Knochen werden zu Staub zerfallen sein. Die Knochen sogar«, wiederholte sie. »Für dich hingegen wird alles ebenso weitergehen, als wäre ich nie gewesen!«

»Ich werde mit dir leben, durch dich ...«

»Du wirst ohne mich leben. Und der Tag wird kommen, wo du mich vergessen hast. Ach!«, rief sie schluchzend aus. »Es ist ungerecht!«

»Ich wünschte, ich könnte mit dir sterben«, sagte ich.

»Aber du kannst nicht«, gab sie zurück.

Schweiß strömte über ihr Gesicht, ihre Hand war feucht und kalt.

»Wenn ich noch denken könnte: in zehn Jahren, in zwanzig Jahren folgt er mir nach, so wäre es für mich weniger hart zu sterben. Aber nein, niemals. Du lässt mich für immer im Stich.«

Simone de Beauvoir

Altmodisches Uhrenlied

Mein Zeiger läuft
Und kommt doch nirgends an.
Er tickt mir Zeit und Unzeit
Nach fest gefügtem Plan.
Ich schlafe oder wache,
Er aber geht und geht.
Was ich auch immer mache,
Er tickt: Zu spät. Zu spät. Zu spät.
Von Zeit zu Zeit ertönen
Vier Schläge, zögernd, lang.
Ein Glöcklein hör ich stöhnen,
Mir wird von Herzen bang.
Da falten sich die Hände,
Es hat gewinkt, es hat gewankt.
Der Pendel stockt behende –
Ich bin am Ende
Angelangt.

MASCHA KALÉKO

Brief an einen Freund im Oktober 1976

»Ich möchte dir von den kleinen Dingen erzählen, als wären es Sensationen: bei Tisch sitzen, Mozart hören und mit Fred [ihrem Mann] eine Tasse Kaffee trinken, weißt du, was ich meine? Das wirkliche Leben, sagt mir eine Stimme, das ist jetzt und jetzt, nimm es in Empfang, wie es sich darbietet, auch mit Schmerzen, mit Angst und gleichzeitig mit allen Entzückungen, die man sich nur denken kann!«

MAXIE WANDER

Es ist etwas Furchtbares,
alles hinwegströmen zu fühlen,
was man besitzt.

Blaise Pascal

Lebendiges Leben
hat sich zurückgezogen.
Verstört durch die unbarmherzige
Wucht des nahenden Todes kauert
es einsam in der Tiefe eines
fassungslosen Herzens.
Unsicher, ängstlich,
weiß nicht,
wie Sterben geht.

Sylvia Brathuhn

Und dann wurde der Hörer wieder aufgelegt, war die Verbindung mit dem Totenreich unterbrochen, und ich starrte eine Zeit lang geistesabwesend vor mich hin. Tat ich wirklich gut daran, ihm nicht zu sagen, was ihn erwartete? Hatte man kein Recht darauf zu wissen, was los war? Würde ich selbst es wissen wollen, wenn mein Ende nahte? Auf die letzte Frage wusste ich keine Antwort. Einmal wurde ich fast wütend bei dem Gedanken, dass ein anderer mich anlügen oder die Wahrheit zurückhalten würde, und dann wieder sah ich vor mir, wie ich, noch unwissend und scheinbar gesund, das warme Sonnenlicht auf den geschlossenen Augenlidern genoss, wenn ich achtzig war und zu nichts anderem mehr in der Lage, als im Garten in der Sonne auf einem Stuhl zu sitzen, eine Geschwulst im Körper, von der ich Gott sei Dank noch nichts ahnte. Ich wusste nicht, was ich tun sollte, reden oder schweigen, und ich wusste noch weniger, wie ich reden sollte, wenn ich den Mund aufmachte.

Einfach auf seine Art sagen: Du hast Krebs an der Bauchspeicheldrüse, und er ist schon so weit fortgeschritten, dass du es nicht mehr bis zu den neuen Kartoffeln schaffst. Vielleicht schaffst du es nicht einmal mehr bis zu deinem Geburtstag. Dieser Geburtstag war unglaublich wichtig für ihn; an dem Tag würde er ein Jahr älter werden als sein Bruder, der an Lungenkrebs gestorben war. Vielleicht konnte er jemandem so etwas sagen, aber ich wusste, dass ich es nicht schaffte. Ganz vorsichtig also – in Etappen? Ich wusste es nicht, ich konnte es nicht, ich schob es auf, ich dachte: Wenn sich die ersten Symptome von Krebs zeigen, kann ich noch immer reden. Aber jetzt noch nicht, lass ihn jetzt noch glauben, dass er wieder gesund ist, dann kann er noch einmal einen ersten zarten Frühling erleben, solange es geht. Aber weil ich es ihm nicht sagen konnte und weil es niemanden gab, mit dem ich über seinen Tod oder über den Tod anderer Väter reden konnte, war es, als würde ich selbst schon bald sterben – solange ich es für mich behalten musste, war es nicht sein, sondern mein Tod.

Das war die erste Phase, die traurigste, die deprimierendste. Ich saß Abend für Abend im Wohnzimmer, wenn es dämmerte, ohne Licht zu machen, und Hanneke oben in ihrem Zimmer wieder eine Fremdsprache dazulernte. Lesen konnte ich auf einmal nicht mehr. Sie erschienen so lächerlich, all diese Romane und Erzählungen, all diese wissenschaftlichen Abhandlungen und Essays; sie handelten nur selten vom Tod, sie waren beinahe immer so geschrieben, als wäre der Tod überhaupt nicht vorhanden. Schlimmer noch als die Unfähigkeit zu lesen war, dass es fast keine Musik mehr zu geben schien, die mir Trost oder Halt bieten konnte. Bach, der große Bach, der mich doch noch nie im Stich gelassen hatte, der mich in den dunkelsten Augenblicken immer wieder aufgerichtet hatte mit der Kantate 78 oder 104 oder dem Air aus der dritten Orchestersuite, schien plötzlich ganz weit vom Tod entfernt zu sein, so oft er auch, angeregt durch verschiedene Texte, beim Komponieren davon inspiriert worden war. »Ich freue mich auf meinen Tod.« O nein, falsch, unwahr, man freut sich nicht auf seinen eigenen Tod, auch nicht, wenn man gläubiger Christ ist. Und man freut sich selbstverständlich auch nicht über den Tod eines Menschen, den man liebt.

Maarten t' Hart

Vielleicht

Nachts
wird
das Dunkel
schwärzer.
Am Scheitel
dämmert
Angst –
und bange
erbitte ich
noch einen
neuen Morgen.
Es wächst im Tau
einer.
Vielleicht
noch einer?

CATRINA E. SCHNEIDER

Ich kann noch immer nicht ganz glauben, dass ich sterben werde, und tief im Innern rechne ich mit einem Wunder. Du hast Recht, was die Schmerzlinderung betrifft, aber ich hege nach wie vor eine beharrliche Abneigung gegenüber solcher Medikation – mein Körper ist ein Tempel und all das. Aber machen wir uns nichts vor, der Tempel ist inzwischen ohnehin total entweiht.

RUTH PICARDIE

Ich komm', weiß nit woher,
ich bin und weiß nit wer,
ich leb', weiß nit wie lang,
ich sterb' und weiß nit wann,
ich fahr', weiß nit wohin:
Mich wundert's, dass ich fröhlich bin.

Da mir mein Sein so unbekannt
geb ich es ganz in Gottes Hand, –
die führt es wohl, so her wie hin:
Mich wundert's, wenn ich noch traurig bin.

HANS THOMA, 1839–1924

»Ich habe mir einen Platz ausgesucht, wo ich begraben werden möchte.«

»Und wo?«

»Nicht weit von hier. Auf einem Hügel, unter einem Baum, von wo aus man auf einen Teich hinabschauen kann. Sehr friedlich. Ein guter Platz, um zu denken.«

»Hast du vor, dort nachzudenken?«

»Ich hab vor, dort tot zu sein.«

Er kichert. Ich kichere.

»Wirst du mich besuchen?«

»Besuchen?«

»Einfach kommen und reden. Am besten an einem Dienstag. Du kommst immer an Dienstagen.«

»Wir sind Dienstagsleute.«

»Richtig. Dienstagsleute. Also, du kommst, um zu reden?«

Er ist so rasch so schwach geworden.

»Schau mich an«, sagte er.

Ich schaute ihn an.

»Wirst du zu meinem Grab kommen? Um mir deine Probleme zu erzählen?«

»Meine Probleme?«

»Ja.«

»Und du wirst mir Antworten geben?«

»Ich werde dir geben, was ich kann. Tue ich das nicht immer?«

Ich stelle mir sein Grab vor, auf dem Hügel, mit der Aussicht auf den Teich, ein kleines Stück Land, wo sie ihn hineinlegen werden, ihn mit Erde bedecken und einen Stein darauf setzen werden. Vielleicht in ein paar Wochen? Vielleicht in ein paar Tagen? Ich sehe mich dort allein sitzen, die Arme auf den Knien gekreuzt, ins Weite schauend.

»Es wird nicht dasselbe sein«, sage ich, »wenn ich nicht in der Lage bin, dich reden zu hören.«

»Ah, reden …«

Er schloss die Augen und lächelte.

»Ich will dir was sagen. Wenn ich tot bin, redest du. Und ich werde zuhören.«

Mitch Albom

Irgendwann

Irgendwann
die letzte Steigung
der letzte Baum
das letzte Wort
in die Wolken gesprochen
die letzte Dunkelheit
der letzte Traum
der Weg zum letzten Stein
den Immortellenkränzen
erste Ruhe
Jetzt tritt der Engel
aus der Stille ans Licht
So viel Erde
eine Hand voll Staub
auf der Schaufel des
Gärtners

Claria Hausmann

Ich muß sterben

Du weißt es Herr. – Der Arzt weiß es. Meine Angehörigen wissen es. Und nun weiß ich es auch: Ich muß sterben. Nicht heute und nicht morgen, aber in kurzer Zeit. Es gibt für mich keine Hilfe mehr auf Erden. Wie habe ich mich vor dieser Gewißheit gefürchtet. Nacht für Nacht habe ich gebetet, die Krankheit möge nicht zum Tode führen. Mein Leben war eine einzige Ruhelosigkeit und Qual. Jetzt ist die Entscheidung gefallen, und ich bin ganz ruhig. Darüber wundere ich mich; denn ich muß ja sterben. Herr, ich bitte dich, erhalte mir die Ruhe. Wenn du durch deinen Sohn Jesus Christus bei mir bist, kann ich ruhig bleiben.

Der Tod ist schrecklich. Aber er ist nicht das Letzte. Der Erste und der Letzte bist du. Und wo du bist, da ist das Leben und die Wahrheit. Das hat der Auferstandene uns gesagt.

Herr, ich möchte so gern, daß die Menschen, die in diesen Tagen um mich sind, etwas von der Getrostheit spüren, die du mir schenkst. Laß doch mein Sterben zu einem Zeichen für deine Gegenwart werden, für deine Treue und dein Erbarmen.

Herr, hab Erbarmen mit uns allen. Amen.

Manfred Hausmann

Kleine Bitte

wo immer
ich sterbe

lege
du
deinen kopf
wenn die sanduhr erlaubt
auf meinen letzten herzschlag

ich reiche
dir
meine hand
vom anderen ende
des todes

gesegnet
mit tränen

fürs baldige wiedersehn

WERNER KALLEN

Oh Herr, bitter ist das Brot des Alters und hart.

Wie erschien es mir früher reich – wie arm bin ich nun, einsam und hilflos.

Wozu tauge ich noch auf Erden?

Schmerzen plagen mich Tag und Nacht, träge rinnen die Stunden meiner schlaflosen Nächte dahin; ich bin nur noch ein Schatten dessen, der ich einmal war. Ich falle den anderen zur Last. Herr, lass genug sein.

Wann wird die Nacht enden und der lichte Tag aufgehn?

Hilf mir geduldig zu sein. Zeig mir dein Antlitz, je mehr mir alles andere entschwindet.

Lass mich den Atem der Ewigkeit verspüren, nun, da mir aufhört die Zeit.

Auf dich, Herr, habe ich gehofft; lass mich nicht zu Grunde gehen in Ewigkeit.

MICHELANGELO

Herr, ich weiß, dass du mich liebst, dass mein Sterben genauso in deinen Händen liegt wie mein Leben. Ich will glauben, dass alles, so wie es kommt, in deine Liebe eingeschlossen ist. So wie du es fügst, wird es gut sein für mich.

Hilf mir, deinen Willen zu verstehen und anzunehmen.

Hilf mir, täglich bereit zu sein, wenn du mich rufst. Lass mich versöhnt mit dir sterben, in der Hoffnung, dass du mir alles zum Guten wendest. – Herr, dein Wille geschehe.

GL 12,1

Nie mehr wird sein,
was war.
Aber in mir lernt,
noch voller Tränen,
die Hoffnung wieder gehen.
Allmählich werd' ich aufgerichtet.
Ich sehe,
noch verschwommen,
im Finsteren ein Licht.
Ich sehe dich, Gott.
Du hast mich nicht verlassen.
Du lebst und bleibst der,
der mein Leid teilt,
der im Schmerz meine Hand sucht,
der meine Verlassenheit segnen will.

Felicitas Kretschmann

Ad notam

bei meinem tod
setzt in kenntnis
den einen gott

mit farbigen worten
und
staubigem antlitz

besteht auf
erhörung
drei tage womöglich
wider das steinerne ohr

erinnert
den segen
kreuzweis versprochen
gegen die gräber

Werner Kallen

Das Gebet eines Unglücklichen

Herr, höre mein Gebet! / Mein Schreien dringe zu dir.

Verbirg dein Antlitz nicht vor mir! /
Wenn ich in Not bin, wende dein Ohr mir zu! /
Wenn ich dich anrufe, erhöre mich bald!

Meine Tage sind wie Rauch geschwunden, /
meine Glieder wie von Feuer verbrannt.

Versengt wie Gras und verdorrt ist mein Herz, /
sodass ich vergessen habe, mein Brot zu essen.

Vor lauter Stöhnen und Schreien /
bin ich nur noch Haut und Knochen.

Ich bin wie eine Dohle in der Wüste, /
wie eine Eule in öden Ruinen.

Ich liege wach und ich klage /

wie ein einsamer Vogel auf dem Dach.

Den ganzen Tag schmähen mich die Feinde; /
die mich verhöhnen, nennen meinen Namen beim Fluchen.

Staub muss ich essen wie Brot, /
mit Tränen mische ich meinen Trank;

denn auf mir lasten dein Zorn und dein Grimm. /
Du hast mich hochgerissen und zu Boden geschleudert.

Meine Tage schwinden dahin wie Schatten, /
ich verdorre wie Gras.

Du aber, Herr, du thronst für immer und ewig, /
dein Name dauert von Geschlecht zu Geschlecht.

Du wirst dich erheben, dich über Zion erbarmen; /
denn es ist Zeit, ihm gnädig zu sein, die Stunde ist da.

An Zions Steinen hängt das Herz deiner Knechte, /
um seine Trümmer tragen sie Leid.

Dann fürchten die Völker den Namen des Herrn /
und alle Könige der Erde deine Herrlichkeit.

Denn der Herr baut Zion wieder auf /
und erscheint in all seiner Herrlichkeit.

Er wendet sich dem Gebet der Verlassenen zu, /
ihre Bitten verschmäht er nicht.

Dies sei aufgeschrieben für das kommende Geschlecht, /
damit das Volk, das noch erschaffen wird, den Herrn lobpreise.

Denn der Herr schaut herab aus heiliger Höhe, /
vom Himmel blickt er auf die Erde nieder;

er will auf das Seufzen der Gefangenen hören /
und alle befreien, die dem Tod geweiht sind,

damit sie den Namen des Herrn auf dem Zion verkünden /
und sein Lob in Jerusalem,

wenn sich dort Königreiche und Völker versammeln, /
um den Herrn zu verehren.

Er hat meine Kraft auf dem Weg gebrochen, /
er hat meine Tage verkürzt.

Darum sage ich: Raff mich nicht weg in der Mitte des Lebens, /
mein Gott, dessen Jahre Geschlecht um Geschlecht überdauern!

Vorzeiten hast du der Erde Grund gelegt, /
die Himmel sind das Werk deiner Hände.

Sie werden vergehen, du aber bleibst; /
sie alle zerfallen wie ein Gewand; du wechselst sie wie ein Kleid /
und sie schwinden dahin.

Du aber bleibst, der du bist, /
und deine Jahre enden nie.

Die Kinder deiner Knechte werden (in Sicherheit) wohnen, /
ihre Nachkommen vor deinem Antlitz bestehen.

PSALM 102

3. »Schmerz beobachtet mich still und streng«

Die Gestalten des Schmerzes, wenn erst einmal die Diagnose »austherapiert« bekannt wird, wenn sie langsam in tiefere Schichten des Bewusstseins sickert, kann man wohl kaum mit wenigen Texten nur ausloten. Die körperlichen Schmerzen, die meist mit einer Krankheit einhergehen, haben oft seelischen, geistigen, spirituellen Schmerz als Begleiter. Schreie und Klagen gehören hierhin, Jammern und Fragen: Wie lange? Aushalten? Aufgeben? Hoffen?

Die Abschiede greifen täglich zupackender nach dem, der tödlich erkrankt ist, und nach denen, die ihn oder sie begleiten. Der Lebens-Raum wird enger. Der Schmerz dessen, der gehen muss, und der Schmerz dessen, der Abschied nehmen muss und selber weiterleben, er reißt Menschen auseinander. Wie einander jetzt begegnen, wo unsere Wege sich trennen – unbeeinflussbar von unserem Wollen? Dein Schmerz und mein Schmerz – Abgründe von Leben dazwischen.

Schmerz in der Vielfalt seiner Facetten soll erahnbar werden in dieser Textauswahl, Sprache bekommen in den Worten von anderen.

Auch wenn man ihn dann im konkreten Erleben oft beschweigen muss, beweinen muss, und manchmal (den körperlichen Schmerz) bis zur Betäubung (und damit bis zur Sprachlosigkeit) bekämpfen muss.

IDA LAMP

Der Reisende schaute und seine Brust war zerrissen. Die Atmosphäre der Stadt, diesen leis fauligen Geruch von Meer und Sumpf, den zu fliehen es ihn so sehr gedrängt hatte, – er atmete ihn jetzt in tiefen, zärtlich schmerzlichen Zügen. War es möglich, daß er nicht gewußt hatte, nicht bedacht hatte, wie sehr sein Herz an allem hing? Was heute morgen ein halbes Bedauern, ein leiser Zweifel an der Richtigkeit seines Tuns gewesen war, das wurde ihm jetzt zum Harm, zum wirklichen Weh, zu einer Seelennot, so bitter, daß sie ihm mehrmals die Tränen in die Augen trieb, und von der er sich sagte, daß er sie unmöglich habe vorhersehen können. Was er als so schwer erträglich, ja zuweilen als völlig unleidlich empfand, war offenbar der Gedanke, daß er Venedig nie wieder sehen solle, daß dies ein Abschied für immer sei.

THOMAS MANN

6. Juli 1982

Schmerzen lassen sich lokalisieren (Kopfweh, Bauchweh usw.), nach ihrer Quantität jedoch kaum und nach ihrer Qualität fast gar nicht beschreiben. Die Ärzte sprechen von ziehenden, stechenden, brennenden, krampfartigen, diffusen usw. Schmerzen. Wie soll man aber beispielsweise den furchtbaren Schmerz beschreiben, der bei einer Prellung der Hoden entsteht? Es gibt kein einziges direktes Wort für die Eigenschaft eines Schmerzes, so wie es direkte Wörter gibt für Farben (rot, grün usw.) und Formen (rund, eckig usw.). Der Schmerz sei überhaupt etwas rein Subjektives, sagen die Ärzte. Seine Sprachlosigkeit macht es auch schwer, mit ihm umzugehen. Meine Schmerzen sind jetzt da, stumpf und schwer, aber ich kann nichts über sie aussagen, weil ich mich auf keine fremde, gleichartige Erfahrung berufen kann. Mit den Mitteln lässt er sich dämpfen, manchmal für lange Zeit ganz verscheuchen, manchmal gibt es auch eine Art von Schizophrenie: Euphorie und daneben trotzdem den Schmerz als stillen, strengen Beobachter.

Jeder hat unendlich viele Arten von Schmerzen schon erlitten, doch kann er keinen Einzigen einem anderen mitteilen, wenn dieser andere nicht genau dasselbe äußere Ereignis erlebt hat, welches den Schmerz ausgelöst hatte. Und auch dann noch ist die Kommunikation unsicher. Wird ein Messerstich in den Arm von jedem gleich empfunden?

PETER NOLL

Haus ohne Fenster

Der Schmerz sargt uns ein
in einem Haus ohne Fenster.
Die Sonne, die die Blumen öffnet,
zeigt seine Kanten
nur deutlicher.
Es ist ein Würfel aus Schweigen
in der Nacht.
Der Trost,
der keine Fenster findet und keine Türen
und hinein will,
trägt erbittert das Reisig zusammen.
Er will ein Wunder erzwingen
und zündet es an,
das Haus aus Schmerz.

HILDE DOMIN

Der peinigende Schmerz in der Seite wollte nicht nachlassen, es war fast, als nähme er zu und als wollte er sich festsetzen, der Geschmack jedoch, den er im Munde hatte –, sein Appetit und seine Kräfte dagegen ließen zusehends nach. Es war unmöglich sich länger zu täuschen: in Iwan Iljitschs Körper vollzog sich etwas Sonderbares, Neues und so Bedeutungsvolles, wie er es bedeutungsvoller noch nie im Leben erlebt hatte. Und dabei wusste nur er allein darum, während seine Umgebung ihn nicht begriff oder vielleicht auch nicht begreifen wollte und sich der Ansicht hingab, dass alles auf der Welt genauso ginge wie vorher. Dieses Letztere peinigte Iwan Iljitsch mehr als alles andere.

Leo Tolstoi

Tränen in schwerer Krankheit

Mir ist ich weiß nicht wie / ich seufze für und für.
Ich weine Tag und Nacht / ich sitz in tausend Schmerzen;
Und tausend fürcht ich noch / die Kraft in meinem Herzen
Verschwindt / der Geist verschmacht / die Hände sinken mir.

Die Wangen werden bleich / der muntern Augen Zier
Vergeht / gleich als der Schein der schon verbrannten Kerzen.
Die Seele wird bestürmt gleich wie die See im Märzen.
Was ist dies Leben doch! / Was sind wir / ich und ihr?

Was bilden wir uns ein! Was wünschen wir zu haben?
Itzt sind wir hoch und groß / und morgen schon vergraben;
Itzt Blumen, morgen Kot; / wir sind ein Wind, / ein Schaum, /

Ein Nebel, / ein Bach, / ein Reif, / ein Tau, / ein Schatten.
Itzt was und morgen nichts; / und was sind unser Taten
Als ein mit herber Angst / durchaus vermischter Traum?

Andreas Gryphius

Nachts gegen drei

Mein Herz schrie auf. Ich bin erwacht.
Und starre dunkel in die Nacht.
Die Stadt schlief ein auf grauem Stein.
Ich bin allein. Bin ganz allein.

Mich hat ein Traum erschreckt.
Das hinterlistige Tier,
Der Tags verscheuchte Kummer streckt
Die Fänge aus nach mir.
Erstorben schweigt das laute Haus.

Nun ging die letzte Lampe aus.
Wer jetzt nicht ruht, den weckte Schmerz.
Ich bin erwacht. Es schrie mein Herz.
Wie ich vor dem Fenster, so stehn

Allerorten wohl nächtliche Brüder,
Die Sterne verblassen zu sehn
Und dem Uhrenschlag wieder und wieder
Zu lauschen und dem Klang der verschollenen Lieder
In des Morgenwinds tröstlichen Wehn …

Mascha Kaléko

So lange währt die Nacht

Dunkel.
Dunkel außen und innen.
Nirgends ein Licht.
Nicht Mond noch Sterne oben,
keine einzige Lampe unten.
Wenn doch bald der Morgen käme.

Stille.
Stille, die beängstigt,
das Herz klopfen macht.
Nirgends ein Laut.
Auch die Uhr steht still.
Wenn doch bald ein Vogel sänge!

So lange währt die Nacht,
so lange.
Dunkel außen,
Dunkel innen.
Und Stille überall.

Wenn doch bald der Morgen käme!
Wenn doch bald ein Vogel sänge!

HILDE HOFMANN

Unter dem stumm gewordnen Mond
zieht grau das Schweigen ein
in ausgehöhlte Häuser, schwarz, allein.
So sehr die flehendlichen Klagen
verwitternd bitten, beten, schrein,
erstirbt doch nur erbarmungslos am Fels das eigne Sein.
Muss aus dem Steinbruch eingeschlossner Tage
verstaubtes Brot mir klauben.
Kann keinem Frühling je mehr sein Versprechen glauben.

Kein Tropfen keimt aus einer Quelle
kühl und netzend meinem Los.
Gefrorne Sterne bilden in getrübten und betäubten Augen Trost.
Im Kältehauch erhebt sich jeder Morgen
und schneidet atmend Schneisen in den Frost,
stößt meine Schritte jäh durch ungewollte Stunden
und narbt mit jedem »trotzdem« meine Wunden.
Über die Schmerzen
einsamster Verdammung, die keine Träne je erreicht,
legt sich der Name unbekannter Hoffnung
durchsichtig wie ein Nebelkleid.
Im Echo einer fernen Stimme ahn ich:
taste, bleib.

Catrina E. Schneider

Es ist kalt

Silbern schweigt der Möwenwald
unter festgezurrten Flügeln –
hell vom Mond beweint und kalt
wohnt er über Himmelshügeln.
Alle festgefrorene Stille
reckt gläsern sich empor,
fügt zum Turm aus Eisesfülle
noch hier und da ein Zauberohr.
Bizarre Welt aus fremdem Stoff
senkt sich in meines Herzens Mitte –
beschweigt mich starr und schroff,
und es hallen tausend Schritte.

Eduard Zwierlein

Allein

Es war tausend Mal zu spät: der Schrei der Liebe war klirrend in einem berstenden Haufen von Blech und Glas zerbrochen, auf dem Boden zerstoßen und hingegossen wie Wasser, und noch flatterten die Hände wie zu einem letzten Gruß, da eilte er, der Vater, auf den Flügeln seiner Angst, aufgestört von dem Pochen und Summen in seinem gestreckten Leib, hin zu dem Ort seiner zerschlagenen Liebe, hob, sanfter als je zuvor und auf nichts anderes achtend als sie, die grüßenden Hände, aus der Qual hochgestreckt und nach Erlösung ins Leere greifend – Gott lehnte um die Ecke an einem Baum und weinte stille in sich hinein –, auf, hob das geliebte Bündel Mensch, dessen Lebenskraft ihm warm und rot entgegensprang, in seinen Schoß, suchte das Gesicht und fand keines mehr, sah, wie der Geist in den Körper hineinwelken wollte, rüttelte ihn noch ein letztes Mal zurück, um ihm und sich das Unvermeidliche zu flüstern: Mein Sohn, du musst jetzt gehen, stieß, indem sich ihm alles Leben endgültig aus den zugreifenden Händen entwand, einen großen Schrei wie ein Gebet und eine Buße und ein Geleitwort laut von innen heraus über die ganze Welt und wurde inne, dass er ein armer Mensch war und für immer allein.

EDUARD ZWIERLEIN

Klage

So weit hab ichs schon gebracht
Mit meinem Schmerz bei Tag und Nacht,
Dass ich dich lieber weiß begraben,
Als sollt ich nie gehabt dich haben.

Doch dass ich nicht, wär mirs verliehen,
Dich wieder möchte herniederziehen
Mit meinem Schmerz bei Tag und Nacht,
So weit hab ichs noch nicht gebracht.

FRIEDRICH RÜCKERT

Vielleicht, dass ich durch schwere Berge gehe
in harten Adern, wie ein Erz allein;
und bin so tief, dass ich kein Ende sehe
und keine Ferne: alles wurde Nähe,
und alle Nähe wurde Stein.

Ich bin ja noch kein Wissender im Wehe, –
So macht mich dieses große Dunkel klein;
Bist du es aber: mach dich schwer, brich ein:
dass deine ganze Hand an mir geschehe
Und ich an dir mit meinem ganzen Schrein.

RAINER MARIA RILKE

Anhalten alle Uhren, Telephon abstellen

Anhalten alle Uhren, Telephon abstellen,
der Hund mit seinem leckern Knochen soll nicht bellen;
keine Klaviere jetzt; lasst dumpf die Trommel rühren,
den Sarg heraus zu begleiten, die Trauergäste zu führen.

Über unseren Köpfen sollen Flugzeuge kreisen und klagen
und in den Himmel die Botschaft eintragen: Er ist tot.
Den städtischen Tauben legt einen Flor um die weißen Kragen,
die Verkehrspolizisten lasst schwarze Handschuhe tragen.

Er war mein Norden, mein Süden, mein Ost und mein West,
meine Arbeitswoche, mein Sonntagsfest,
mein Mittag, meine Mitternacht, mein Gespräch, mein Gesang;
ich meinte, die Liebe dauere ein Leben lang; das war falsch.

Die Sterne braucht es jetzt nicht: löscht das Licht ihnen allen;
den Mond packt ein und die Sonne lasst fallen;
Gießt den Ozean aus und den Wald reißt ein:
Von jetzt an kann nichts mehr von Gutem sein.

WYSTAN HUGH AUDEN

Wie die Geburt ein schmerzhaftes Geheimnis zwischen Mutter und Kind, so ist das Sterben ein schmerzhaftes Geheimnis zwischen Schöpfer und Geschöpf.

FRANZ WERFEL

Um Gotteswillen, lasst mich m e n s c h l i c h sterben, nicht unmenschlich oder übermenschlich, n i c h t o h n e H i l f e ! Lasst mir einen Gott, der einen Namen hat und ein Gesicht, von dem wir mit Gewissheit glauben können, dass er mit den Menschen gesprochen hat und mit dem wir auch sprechen können. Dem wir sagen können, leise und laut und selbst im Schreien, dass wir Nerven haben und darum auch Schmerzen und Angst, und dass wir, wir Durchschnittsmenschen, erst dann gerne sterben, wenn uns das Weiterleben zu wehtut. Und warum sollen wir das nicht sagen, nachdem Er selber, Er, der menschgewordene Gott unter Blutschweiß gesagt hat, dass ihm vor Seinem Sterben graue?

PETER WUST

Es ist etwas Schreckliches,
wenn man wahrnimmt,
wie alles dahinschwindet,
was man besitzt.

BLAISE PASCAL

Ich kann mir keinen Zustand denken,
der mir unerträglicher wäre,
als bei lebendiger und schmerzerfüllter Seele
der Fähigkeit beraubt zu sein,
ihr Ausdruck zu verleihen.

Michel de Montaigne

Mein Glaube heißt
TROTZDEM
Ich buchstabiere
wie eine Anfängerin
deinen Namen
tagtäglich nach:
G O T T
Ich halte mich fest
am Glauben
DENNOCH
schwankende Brücke
über den Abgründen
des Schmerzes
Ins Feld meiner Hoffnungen
sind Zweifel gesät
die wachsen
und wachsen
Komm mir entgegen, Gott

Ida Lamp

Psalm

Der Tag liegt vor mir
wie ein Berg,
den zu erklimmen
mir die Kraft fehlt.
Was kann die Angst
vor den Schmerzen
vor dem Dunkel der Einsamkeit
vor dem, was kommt,
vertreiben?
Was kann den Schmerz nehmen,
dass von Tag zu Tag gewisser wird,
was ich nicht mehr erleben werde?
Ich klage
Gott!
Mein Leib ist Klage, Gott.
Meine Gedanken sind Klage.
Meine verrinnende Zeit,
meine Schmerzen,
meine Zweifel:
ich bin Klage, Gott,
an diesem Tag.
Sieh mich an!

IDA LAMP

Höre mich an, Gott.
Meine Kräfte zerfallen.
Meine Seele ist tief verstört.
Ich bin erschöpft von meinen Klagen.
Meine Augen sind blind vor Schmerzen,
vor Kummer und Leid.
Du, hör mein Weinen, tröste mich.
Aus meiner Verzweiflung rette mich.
Schenke mir Ruhe und Frieden
in deinem weiten Land.

ANNELIESE LISSNER NACH PSALM 6

Mein Gott, hör mich klagen.
Mein Schreien, meine lautlose Stimme,
sie sollen ankommen, hör auf mich.
Wie Rauch ist mein Leben vergangen.
Mein Herz ist verdorrt wie Gras.
Vor Schmerz bin ich nur noch Haut und Knochen.
Wie eine Eule in öden Ruinen
bin ich wach und klage.
Ich rufe wie ein einsamer Vogel,
zeig mir dein Gesicht, ewiger Gott.
Lass es Morgen werden nach meiner Nacht.
Lass mich einschlafen, aufwachen
in deinem ewigen Tag.

ANNELIESE LISSNER NACH PSALM 102

Bei stiller Nacht zur ersten Wacht
ein Stimm begann zu klagen;
ich nahm in Acht, was sie da sagt,
tat hin die Augen schlagen.

Es war der liebe Gottessohn,
sein Haupt hat er in Armen,
viel weiß und bleicher als der Mond,
ein Stein möchte sich erbarmen.

Ach, Vater, liebster Vater mein,
und muss den Kelch ich trinken?
Und mag's dann ja nicht anders sein,
mein Seel nicht lass versinken!

Doch Sinn und Mut erschrecken tut,
soll ich mein Leben lassen.
O bittrer Tod, mein Angst und Not
ist über alle Maßen!

Ein Kreuz mir vor den Augen schwebt,
o weh der Pein und Schmerzen!
Daran man morgen mich erhebt,
das greifet mir zum Herzen.

Der schöne Mond will untergehn,
vor Leid nicht mehr mag scheinen,
die Stern ohn Glanz am Himmel stehn,
mit mir sie wollen weinen.

NACH FRIEDRICH SPEE (1635), GL 824 (TRIERER ANHANG)

Abend und Morgen sind Gottes Sorgen;
Segnen und mehren, Unglück verwehren
Sind seine Werke und Taten allein.
Wenn wir uns legen, so ist er zugegen;
Wenn wir aufstehen, so lässt er aufgehen
Über uns seiner Barmherzigkeit Schein.
Alles vergehet, Gott aber stehet
Ohn alles Wanken; seine Gedanken,
Sein Wort und Wille hat ewigen Grund.
Sein Heil und Gnaden, die nehmen nicht Schaden,
Heilen im Herzen die tödlichen Schmerzen,
Halten uns zeitlich und ewig gesund.
Kreuz und Elende, das nimmt ein Ende;
Nach Meeres Brausen und Windes Sausen
Leuchtet der Sonnen gewünschtes Gesicht.
Freude die Fülle und selige Stille
Hab ich zu warten im himmlischen Garten;
Dahin sind meine Gedanken gericht'.

PAUL GERHARDT

Das Gebet am Ölberg

Jesus kam mit den Jüngern zu einem Grundstück auf dem Gebiet des Ölbergs, das man Getsemani nennt, und sagte zu ihnen: Setzt euch und wartet hier, während ich dort bete. Und er nahm Petrus und die beiden Söhne des Zebedäus mit sich. Da ergriff ihn Angst und Traurigkeit, und er sagte zu ihnen: Meine Seele ist zu Tode betrübt. Bleibt hier und wacht mit mir!

Und er ging ein Stück weiter, warf sich zu Boden und betete: Mein Vater, wenn es möglich ist, gehe dieser Kelch an mir vorüber. Aber nicht wie ich will, sondern wie du willst.

Mein Vater, wenn dieser Kelch an mir nicht vorübergehen kann, ohne dass ich ihn trinke, geschehe dein Wille.

NACH MATTHÄUS 26,36–39

Mein Gott, mein Gott, warum hast du mich verlassen,
bist fern meinem Schreien, den Worten meiner Klage?
Mein Gott, ich rufe bei Tag, doch du gibst keine Antwort;
ich rufe bei Nacht und finde doch keine Ruhe.
Aber du bist heilig, du thronst über dem Lobpreis Israels.
Dir haben unsere Väter und Mütter vertraut,
sie haben vertraut und du hast sie gerettet.
Zu dir riefen sie und wurden befreit,
dir vertrauten sie und wurden nicht zuschanden.
Ich aber bin ein Wurm und kein Mensch,
der Leute Spott, vom Volk verachtet.
Alle, die mich sehen, verlachen mich,
verziehen die Lippen, schütteln den Kopf:
»Er wälze die Last auf den Herrn, der soll ihn befreien!
Der reiße ihn heraus, wenn er an ihm Gefallen hat.«
Du bist es, der mich aus dem Schoß meiner Mutter zog,
mich barg an der Brust meiner Mutter.
Von Geburt an bin ich geworfen auf dich,
vom Mutterleib an bist du mein Gott.
Sei mir nicht fern, denn die Not ist nahe,
und niemand ist da, der mir helfen kann.
Viele Stiere umdrängen mich,
gewaltige Büffel umringen mich.
Sie sperren gegen mich ihren Rachen auf,
reißende, brüllende Löwen.

Ich bin hingeschüttet wie Wasser.
Erschlafft sind alle meine Glieder.
Mein Herz ist in meinem Leib wie Wachs zerflossen.
Meine Kehle ist trocken wie Sand,
die Zunge klebt mir am Gaumen,
du legst mich in den Staub des Todes.
Viele Hunde umkreisen mich,
eine Rotte von Bösen umlagert mich,
sie binden mir Hände und Füße.
Man kann alle mein Knochen zählen.
Du, mein Gott, halte dich nicht fern.
Du, meine Stärke, eile mir zur Hilfe!
Entreiße mein Leben der Vernichtung,
mein einziges Gut aus der Gewalt der Hunde,
Rette mich vor dem Rachen des Löwen,
vor den Hörnern der Büffel rette mich Armen.
Ich will deinen Namen meinen Lieben verkünden,
inmitten der Gemeinde will ich dich preisen.
Denn du hast mich in der Not nicht verachtet,
nicht verabscheut das Elend des Armen.
Du verbirgst dein Gesicht nicht vor mir,
du hast auf mein Schreien gehört.
Ich will deine Treue lobpreisen,
aufleben wird mein Herz für immer,
in dir wird meine Seele Ruhe finden.

Psalm 22

leicht angepasst und gekürzt von Anneliese Lissner

4. »Ich höre alles, was du sagst«

Wenn wir den letzten Abschnitt unseres Lebensweges beschreiten, befinden wir uns in einer unbekannten, fremden und beängstigenden Lebensphase. Angst vor Einsamkeit und Isolation steigt auf, Wut und Zorn wechseln sich ab mit Resignation und Verzweiflung. Um diesen schweren Weg gehen zu können, bedürfen wir der Begleitung. Wir brauchen Menschen an unserer Seite, die uns liebevoll halten, aber nicht festhalten, die uns nicht nur sehen, sondern auch wahrnehmen, nicht nur hören, sondern auch versuchen zu verstehen. Am Ende unseres Weges brauchen wir einen Menschen, der unsere Hand hält und – wenn auch nur mit einer kleinen Geste oder einem warmen Blick – sagt, »ich bin bei dir, und ich begleite dich, auch wenn jetzt vieles anders ist und wir uns bisweilen recht schwer miteinander tun.«

SYLVIA BRATHUHN

Bitten eines Sterbenden an seinen Begleiter

Lass mich in den letzten Stunden meines Lebens nicht allein.

Bleibe bei mir, wenn mich Zorn, Angst, Traurigkeit und Verzweiflung heimsuchen und hilf mir hindurchzugelangen.

Denke nicht, wenn du ratlos an meinem Bett sitzt, dass ich tot sei. Ich höre alles, was du sagst, auch wenn ich meine Augen geschlossen halte. Darum sage jetzt nicht etwas, sondern das Richtige.

Das Richtige wäre, mir etwas zu sagen, was es mir nicht schwerer, sondern leichter macht, mich zu trennen. Das macht mich frei, denn ich kann nicht bei dir bleiben. So vieles, fast alles, ist jetzt nicht mehr wichtig.

Ich höre, obwohl ich schweigen muss und nun auch schweigen will. Halte meine Hand. Ich will es mit der Hand sagen. Wische mir den Schweiß von der Stirn. Streiche meine Decke glatt. Wenn nur noch Zeichen sprechen können, so lasse sie sprechen.

Dann wird auch das Wort zum Zeichen. Und ich wünsche mir, dass du beten kannst. Klage nicht an, es gibt keinen Grund. Sage Dank.

Lass mein Sterben dein Gewinn sein. Nimm unsere gemeinsamen Erinnerungen als unser schönstes Vermächtnis. Lebe dein Leben fortan etwas bewusster. Es wird schöner, reifer und tiefer, inniger und freudiger sein, als es je zuvor war, vor meiner letzten Stunde.

Johann Christoph Hampe

Ich brauche es, dass du
mich siehst,
mich hörst,
auf mich zukommst,
zu mir stehst,
mich ansprichst,
mich berührst.
Manchmal brauche ich es, dass du
mir tief in die Augen schaust,
mir zuhörst,
mir zuredest,
bei mir bleibst,
mich in die Arme nimmst
und einfach sein lässt.
Manchmal brauche ich es sogar, dass du
siehst, was ich noch nicht zeigen kann,
hörst, was ich noch nicht sagen kann,
spürst, woran ich leide,
verstehst, wenn ich verharre,
bei mir bleibst, obwohl ich nicht ansprechbar bin.
Manchmal brauche ich es, dass du ja sagst zu mir,
zu meinen Qualitäten und meinen Fehlern,
zu meinen Licht- und meinen Schattenseiten,
ja zu mir,
so wie ich bin.
Ich brauche es,
ich brauche dich,
damit ich weiterschreiten kann.

MAX FEIGENWINTER

Ich wünschte nur – und wie ich das wünschte –, ich hätte es irgendwie hinbekommen: Ruth ganz so wie in früheren Tagen zu lieben oder ihr das Gefühl zu geben, sie werde geliebt, und das bis zum bitteren Ende. Aber die Wahrheit ist, dass es nicht mehr möglich war. [...] Der Krebs veränderte alles: Er dirigierte uns auf verschiedene Bahnen, strapazierte unser gegenseitiges Verständnis aufs Äußerste und brachte uns schließlich ganz und gar auseinander. Am Ende konnte ich sie nicht mehr erreichen, und mir kam das wie ein Versagen vor. Und dann war sie von uns gegangen.

MATT SEATON

Man glaubt ganz gewöhnliche Orgeln zu berühren, wenn man den Menschen berührt.
Es sind in der Tat Orgeln, aber seltsame, veränderliche, wandelbare, deren Tasten nicht nach den Stufen der Tonleiter angeordnet sind.
Diejenigen, die nur auf den gewöhnlichen Tasten zu spielen verstehen, könnten keine Akkorde hervorbringen.
Man muss wissen, wo die Tasten sind ...

BLAISE PASCAL

Zuhören

Wenn ich dich bitte, mir zuzuhören,
und du beginnst, mir Ratschläge zu geben,
dann hast du nicht getan,
worum ich dich gebeten habe.
Wenn ich dich bitte, mir zuzuhören,
und du fängst an, mir zu sagen,
dass ich nicht so oder so fühlen sollte,
dann trampelst du auf meinen Gefühlen herum.
Wenn ich dich bitte, mir zuzuhören,
und du glaubst, du müsstest nun etwas unternehmen,
um mein Problem zu lösen,
dann machst du mich klein und schwach,
so seltsam das auch klingt.
Hör mir zu!
Alles, worum ich dich bitte,
ist, dass du mir zuhörst.
Nichts sagst oder tust,
nur zuhörst!
Guter Rat ist billig.
Für nur eine Mark Porto kann man ihn
von jedem Briefkasten-Onkel
aus den Zeitschriften beziehen.
Ich kann alles für mich selber tun.
Ich bin nicht hilflos oder unfähig,
bloß weil ich krank bin oder Angst habe.
Vielleicht mutlos und zaudernd,
aber nicht hilflos.
Wenn du etwas tust,
was ich selber kann
oder für mich selbst tun müsste,
dann trägst du zu meiner Unzulänglichkeit bei
und vergrößerst meine Furcht.

Aber wenn du als simple Tatsache akzeptierst,
dass ich fühle, was ich fühle,
egal wie vernunftwidrig das auch sein mag,
dann kann ich aufhören,
dich von der Richtigkeit meiner Gefühle überzeugen zu wollen,
und kann stattdessen versuchen, herauszufinden,
was sich hinter meinen Gefühlen verbirgt.
Und wenn das klar ist,
sind alle Antworten auf meine Fragen
offensichtlich und deutlich.
Dann braucht es keinen Rat.
Bitte, höre mich, und hör mir zu!
Und wenn du dann erzählen willst,
warte eine Minute.
Dann bist du an der Reihe
und ich werde dir zuhören

CAROLA SPILLING

Jeder Mensch ist eine andere Welt;
Da hilft nur eins:
Die Brücke der Liebe.

WALTHER GOES

Jemand fragte den Meister, welches die wichtigste Zeit, der wichtigste Mensch und die wichtigste Aufgabe im Leben eines jeden Menschen sei.

»Die wichtigste Zeit ist immer die Gegenwart«, antwortete der Meister. »Denn nur in dieser Zeit kann der Mensch über sich bestimmen.

Der wichtigste Mensch ist der, mit dem du es gerade zu tun hast. Denn du kannst nicht wissen, ob es dir vergönnt sein wird, dich noch jemals mit einem anderen Menschen beschäftigen zu können.

Das Wichtigste, was du in deinem Leben tun kannst, ist jedoch, diesen Menschen aus ganzem Herzen zu lieben. Denn nur deshalb wurdest du in die Welt gesandt, um deine Mitmenschen zu lieben.«

Nach Meister Eckart

Rudern zwei

Rudern zwei
ein boot,
der eine
kundig der sterne,
der andre
kundig der stürme,
wird der eine
führn durch die sterne,
wird der andre
führn durch die stürme,
und am ende ganz am ende
wird das meer in der erinnerung
blau sein

Reiner Kunze

Nelio lag mit geschlossenen Augen da. Ich hatte einen Becher Wasser neben die Matratze gestellt. Vorsichtig stand ich auf, um hinunter in den Hof zu gehen und mich zu waschen. Ich würde auch meine Kleider waschen, die schon angefangen hatten zu riechen. Da ergriff Nelio wieder das Wort. Er sprach mit geschlossenen Augen. Es ist nicht leicht zu sterben, sagte er. Das ist das Einzige, was uns keiner im Voraus beibringen kann. Mehr sagte er nicht. Als ich die Wendeltreppe hinunterstieg, hatte ich Angst. Ich konnte die Gedanken nicht mehr wegschieben, konnte mich selbst nicht mit falschen Hoffnungen betrügen. Nelio würde da oben auf dem Dach sterben. Er hatte es die ganze Zeit gewusst.

Im Dunkeln setzte ich mich auf die Treppe und weinte. Es kommt nicht oft vor, dass ich weine. An das letzte Mal konnte ich mich gar nicht mehr erinnern. Ich bin ein Mensch, der lacht. Aber an diesem Morgen saß ich auf der dunklen Treppe und weinte, und ich dachte, dass jetzt alles zu spät war und dass ein zehnjähriger Junge, der ein alter Mann ist, trotzdem nichts anderes ist als ein Kind. Ein Kind soll leben, nicht sterben. (…) meine Gedanken waren ständig bei Nelio, der da oben auf dem Dach lag.

Niemand hatte ihm beigebracht, wie man sich verhält, wenn man stirbt.

Gibt es eine größere Einsamkeit? Wenn ein Mensch erkennt, dass er sterben muss, und niemand in seiner Nähe ist, der ihm zeigen kann, wie das geht?

Henning Mankell

… als gehörte ich nicht mehr dazu

Ich höre draußen die vertrauten Stimmen,
und es ist so,
als gehörte ich
nicht mehr dazu.
Einer schaut herein und sagt etwas,
und ich gebe Antwort.

Doch es ist so,
als ginge mich
das alles nichts an.
Sie lachen – ich weiß nicht worüber,
sie tun – ich weiß nicht was.
Es ist ganz so,
als sei ich nicht mehr da.
Das Leben geht seinen Gang
auch ohne mich.
Einer kommt herein mit heißem Tee.
Aber er schmeckt mir nicht.
Ich frage mich:
»Was soll's?«
Ich bin schwach und müde
und allein,
viel mehr allein als in gesunden Tagen.
Da war ich doch
zu etwas nütze.
Aber nun ist es so,
als gehörte ich nicht mehr dazu.
Das Leben geht seinen Gang
auch ohne mich.
Das zu sehen,
ist heilsam –
und ein wenig schmerzlich.
Aber ich hasse es,
sentimental zu sein.
Ich will die Dinge sehen,
wie sie sind.
Ich höre draußen die vertrauten Stimmen,
sie reden und lachen –
denn das Leben geht seinen Gang …

HILDE HOFMANN

Und mit diesem Bewusstsein und außerdem mit seinen physischen Schmerzen und der grässlichen Angst musste er dann zu Bett gehen und konnte häufig vor Schmerzen den größten Teil der Nacht nicht schlafen. Wenn es dann aber Morgen wurde, musste er wieder aufstehen, sich anziehen, ins Gericht fahren und dort sprechen und schreiben, und wenn er nicht hinfuhr, so waren es doch zu Hause immer wieder die gleichen vierundzwanzig Stunden, von denen jede eine Qual war. Und dabei musste er völlig einsam so am Rande des Verderbens leben, ohne einen einzigen Menschen, der ihn begreifen wollte oder bemitleidet hätte.

Leo Tolstoi

Sturz aus der Sicherheit
Fall ohne Fangnetz
in bodenlose Tiefen
inneres Wundsein
ich schreie, tobe, bete und weine
um mich herum,
Kälte, Leere und Steine
Keiner nimmt meine Verzweiflung wahr
jeder hat was zu tun,
macht sich klammheimlich rar
Tage verrinnen, Wochen vergeh'n
meine Angst bleibt weiter ungeseh'n
Zieh mich zurück in mich selbst
ganz still und leise
setze sie fort meine einsame Reise
bräuchte doch Hilfe,
Menschen, die mir was geben
Menschen, die mich lieben und mir zeigen,
wie das geht … bis zum Ende zu leben.

Sylvia Brathuhn

Es bedeutet mehr als du ahnst

Noch ein wenig,
ein wenig bleib sitzen!
Es tut so wohl,
dein Schweigen
Noch ein wenig,
ein wenig lege deine warme Hand
auf meine kalte!
Sie tut so wohl,
die Wärme …
Noch ein wenig,
ein wenig schau mich an!
Augen sind ein Wunder,
und die deinen sind voll Freundschaft …
Nur ein wenig noch –
die Nacht wird lang,
und mir wird bang sein.
Dann werde ich deiner gedenken,
der warmen Hand,
der guten Augen,
des taktvollen Schweigens.
Wenn deine Blumen lange verwelkt sind,
werden diese Minuten lebendig sein,
immer noch,
in meinem Herzen,
und sie werden es bleiben,
wenn die Krankheit gegangen ist.
Ganz gewiss.
Ich danke dir,
danke dir sehr,
es bedeutet mehr,
viel mehr, als du ahnst.

HILDE HOFMANN

wenn es so weit sein wird
mit mir
brauche ich den engel
in dir
bleibe still neben mir
in dem raum
jag den spuk der mich schreckt
aus dem traum
sing ein lied vor dich hin
das ich mag
und erzähle was war
manchen tag
zünd ein lied an das ängste
verscheucht
mach die trockenen lippen mir feucht
wisch mir tränen und schweiß
vom gesicht
der geruch des verfalls
schreck dich nicht
spür das klopfen das schwer
in mir dröhnt
nimm den lebenshauch wahr
der verstöhnt
wenn es so weit sein wird
mit mir
brauche ich den engel
in dir

FRIEDRICH KARL BARTH, PETER HORST

Wohl allen, die an mir nicht vorbeigehen,
auch wenn sie den Tod in mir sehen,
mein Leiden und meine Klage nur schwer ertragen können.
Wohl denen, die den Tod nicht wegreden,
die nicht so tun, als würde ich ewig leben,
mich nicht vertrösten auf einen besseren Tag.
Wohl allen, die daran denken,
dass auch sie sterblich sind,
und die dir danken, Gott, am Morgen für den neuen Tag,
den zu leben nicht selbstverständlich ist.
Solche Menschen sind mir wie Wegweiser;
sie führen nicht in die Irre,
sondern helfen zu leben bis zur Neige.
Von ihnen wird man sagen:
Sie haben nicht vergeblich gelebt.
Sie hatten das Ende immer vor Augen
und haben den Tag gepflückt.
Doch die den Tod leugnen in ihrem Leben,
die ihn wegreden aus meinem Elend,
können den Tagen keinen hinzufügen,
wenn das Ende sich ankündigt.
Und ihre Worte sind Anmaßung und kein Trost,
sind trügerisch und kein tragender Grund.
Gott aber, der uns sterbliche Wesen geschaffen hat,
tritt ein für die, die sich mühen, mit ihrer Vergänglichkeit zu leben.
Er wird uns erlösen in Ewigkeit,
uns neue Tage sehen lassen in seinem Reich.

IDA LAMP

Intensivstation

Sie sagen, mein Herz sei noch stark, Gott. Auch eine Lüge; denn von Tag zu Tag pocht es hastiger, härter, bockiger, böser, verzweifelter. Es klopft an Türen, die verschlossen bleiben, und fragt Menschen, die einer Antwort ausweichen. Sie meinen es gut mit mir, aber sie stoßen mich damit in einen Abgrund an Isolation. Und wo bleibst du, Gott? Auch du bist weit, weit weg. Hast auch du Angst vor den Schläuchen, der Technik, dem Geruch nach Perfektion, meinen Fragen? In den seltenen Augenblicken, da mein Herz etwas ruhiger schlägt, kommt mir eine Ahnung, dass du mir dann die endgültige erlösende Antwort gibst, wenn du es zu dir geholt hast. Aber der Weg bis dahin scheint nur über hindernde, verletzende Stacheldrähte zu gehen. Selbst meine nächsten Angehörigen haben einen Schutzwall um sich gebaut. In ihren Augen lese ich die Sorge um mein Leben, aber sie töten meine Seele mit tröstenden Worten, die ich nicht mehr glauben kann. Gott, ich schreie es stumm zum Himmel: Gib mir einen Menschen, mit dem ich vom Sterben sprechen kann, der den Mut hat, bewusst mit mir die letzten Schritte zu tun, der nicht lügt, der mir Antwort gibt als Hilfe beim Sterben.

HILDEGARD KREMER

Das Gespräch zwischen einem, der weiß, dass seine Zeit bald abläuft, und einem, der noch eine unbestimmte Zeit vor sich hat, ist sehr schwierig. Das Gespräch bricht nicht erst mit dem Tod ab, sondern schon vorher. Es fehlt ein sonst stillschweigend vorausgesetztes Element der Gemeinsamkeit.

Nach dem üblichen Ritual des Sterbens müssen beide, der Sterbende und der Weiterlebende, sich an bestimmte Regeln halten; doch sind die Regeln, anders als beim Fußball, für beide Teile ganz verschieden, so dass eben kein »Zusammenspiel« entsteht. Auf beiden Seiten wird viel Heuchelei verlangt. Darum auch die gequälten Gespräche an den Spitalbetten. Der Weiterlebende ist froh, wenn er wieder draußen ist, und der Sterbende versucht einzuschlafen.

Ich muss aufpassen, dass ich nicht überinterpretiere und dem ganzen einen zu tiefen Sinn gebe. Zum Beispiel ärgert es mich jetzt schon, wenn Bekannte, die ich informiert habe, so tun, als wäre gar nichts los, und beispielsweise Pläne entwerfen, für deren Verwirklichung es völlig gleichgültig ist, ob ich dabei bin oder nicht.

Peter Noll

Fragen

Was wehen mich aus weiter Ferne
Und aus allernächster Nähe
Meines Herzens so große Fragen an,
Die niemand jemals lösen kann?
Taub stellt sich alles, zu dem ich ruf,
Nacht entzieht Gestalt dem Blick.
Wie kann ich hier noch wohnen?
Ich bleib allein zurück
Und bin bewohnt von Dornenkronen.
Und doch leb ich in diesem Ungelösten,
Leb aus ihm und zu ihm hin
Und bin nur drehend wirbelnder Tanz
Nur ein großes, kleines Lebens-Ding.

Eduard Zwierlein

›... Die Kräfte nahmen ab. Mehr und mehr. Und jetzt bin ich ganz abgezehrt. Meine Augen sind wie erloschen. ... Und wäre es wirklich möglich, der Tod?‹ Wieder kam das Entsetzen über ihn, er keuchte, bückte sich, um Streichhölzer zu suchen und stieß dabei mit dem Ellebogen gegen ein kleines Gestell. Es war ihm im Wege und tat ihm weh, er ärgerte sich darüber und stieß voller Zorn noch einmal heftig daran und warf das kleine Gestell um. Voller Verzweiflung fiel er keuchend auf den Rücken zurück, denn er dachte, dass er jetzt sofort sterben müsse. Um die gleiche Zeit entfernten sich die Gäste. Praskowja Fjodorowna begleitete sie hinaus. Sie hörte das Poltern und trat in das Zimmer ihres Mannes. ... »Was hast du Jean?« »gar...nichts. Um ... ge...schmissen.« – ›Was soll ich ihr denn sagen? Sie wird es ja doch nicht verstehen‹, dachte er. Und in der Tat, sie verstand es nicht. ... Sie saß noch eine Zeit lang da; schließlich erhob sie sich, trat zu ihm und küsste ihn auf die Stirn. In dem Augenblick, da sie ihn küsste, hasste er sie mit der ganzen Gewalt seiner Seele und musste sich furchtbar zurückhalten, um sie nicht fortzustoßen.

Leo Tolstoi

Selig, die Verständnis zeigen für meinen stolpernden Fuß und meine lahme Hand.

Selig, die begreifen, dass mein Ohr sich anstrengen muss, um alles aufzunehmen, was man zu mir spricht.

Selig, die zu wissen scheinen, dass meine Augen trüb und meine Gedanken träge geworden sind.

Selig, die mit einem freundlichen Lächeln verweilen, um ein wenig mit mir zu plaudern.

(...)

Selig, die mich erfahren lassen, dass ich geliebt, geachtet und nicht allein gelassen bin.

Selig, die in ihrer Güte die Tage erleichtern, die mir noch bleiben auf dem Weg in die ewige Heimat.

Seligpreisungen eines alten Menschen

Letzte Worte

Sag mir noch letzte Worte.
Schenk mir deinen Blick.
Eh die Rosen welken –
reich mir noch ein Glück.
Rufe meinen Namen,
bereite meinen Weg.
Vergiss nicht Dank zu sagen,
eh ich mich schlafen leg.
Gestehe mir, was fehlte.
Vergib mir, was zerbrach.
Lass mich in deinen Bildern
erscheinen, halt mich wach.
Lass uns noch Zeit verschenken,
auch wenn mir keine bleibt.
Mit dir auf morgen hoffen –
auf Unvergänglichkeit.
Heute ist alles möglich.
Wir können uns berührn,
bis uns die Wege weisen
auf ganz verschiedne Türn.

CATRINA E. SCHNEIDER

5. »Warum? Wozu?«

Warum? Wozu der Schmerz, das Leid, das Elend, der Tod? Und warum ich? Gerade ich? oder: Warum du? Warum passiert uns das? Gibt es einen Sinn?

Fragen über Fragen, herausgeschrieen aus Verzweiflung oder still in uns hineingeschluckt, verbittert.

An wen richten sich die Fragen? An uns selbst oder an die Menschen neben uns? Gibt es Antworten? Oder verlieren sich unsere Fragen in der Stille eines endlosen Nichts? Oder Gott? Hört er sich unsere Not gelangweilt oder zynisch an? Oder leidet er mit? Vermag er die Mauer des Schmerzes, des Todes am Ende zu durchbrechen?

CHRISTOPH DROLSHAGEN

*Golgatha**

Wann
wenn nicht
um die neunte Stunde
als er schrie
sind wir ihm
wie aus dem Gesicht geschnitten
Nur seinen Schrei

nehmen wir ihm noch ab
und verstärken ihn
in aller Munde

EVA ZELLER

* Golgatha ist der Ort außerhalb der Stadt Jerusalem, an dem Jesus hingerichtet wurde.
Die neunte Stunde, in unserer Zeitrechnung 15.00 Uhr, gilt als die Todesstunde Jesu.
»Mein Gott, mein Gott, warum hast du mich verlassen?« ist einer der Schreie, die die Evangelien Jesus in den Mund legen. Die Worte sind der Beginn des Psalms 22.

Von der sechsten bis zur neunten Stunde herrschte eine Finsternis im ganzen Land.

Um die neunte Stunde rief Jesus laut: Eli, Eli, lema sabachtani?, das heißt: Mein Gott, mein Gott, warum hast du mich verlassen?

Einige von denen, die dabeistanden und es hörten, sagten: Er ruft nach Elija.

Sogleich lief einer von ihnen hin, tauchte einen Schwamm in Essig, steckte ihn auf einen Stock und gab Jesus zu trinken.

Die anderen aber sagten: Lass doch, wir wollen sehen, ob Elija kommt und ihm hilft.

Jesus aber schrie noch einmal laut auf. Dann hauchte er den Geist aus.

MATTHÄUS 27,45-50

Anlässlich eines Todes

In Karlsruhe läuft, wie du weißt, Gott, eine Straßenbahn seit achtzehnhundertsiebzig ohne Unfall, diese bestieg am ersten März, bestieg genau den Waggon, den du ausgesucht hattest, Gott, der Musikstudent G.B., du kennst ihn, er kam öfter ins Haus, heiter, begabt. Bild eines Menschen, liebenswert machtest du ihn, und pünktlich bestieg er die Bahn, die dann aus unerklärlichen Gründen, doch du kennst sie, nehme ich an, entgleiste und den Studenten, dem du als einzigem Fahrgast abzuspringen befahlst, in der Sekunde genau als der Anhänger kippte, erschlug samt seiner Geige, ihn, keinen andern, du weißt es, doch was sag ich der Mutter, die das Bündel schwarz geränderter Karten nach Ursachen abklopft, soll ich sagen, du hättest das eingefädelt, genau nach Plan, soll ich sagen, dass alles Sinn hat, verborgenen Sinn meinetwegen, oder, was meinst du, ich sage schwarz gerändert das Wort, das dich ausschließt, das dich zur Hilfskonstruktion macht, Gott, das Wort, das die Tröster entlarvt, das Wort, das bleibt, wenn du fortgehst, wenn du sagst, du kenntest die Karlsruher Straßenbahn nicht, nicht den Studenten G.B., das Wort, das Einzige, das dich ersetzt, das, falls du tot bist, stehen muss auf dem Grabstein: Pech gehabt – soll ich's sagen, das Wort, dem toten Studenten G.B., soll ich's sagen der Mutter?

RUDOLF OTTO WIEMER

Warum
ist denn der gestorben?
Und wohin?
Und ist er morgen auch noch tot?
Auf seinem Grab, da blüht es rot.
Doch da ist nur sein Körper drin.
Seine Furcht und sein Glück,
seine Traumgestalten,
und was in seinen Worten enthalten,
ist nicht mit Erde zugedeckt.
Wo hält sich das alles versteckt?
Was er gehofft hat und geliebt,
obs das noch gibt?
Ob es einer weiß?
Und versteht,
wohin alles geht?

Gina Ruck-Pauquèt

Er weinte über seine Hilflosigkeit, über seine entsetzliche Einsamkeit, über die Grausamkeit der Menschen, über die Grausamkeit Gottes, und weinte auch über Gottes Abwesenheit.

»Warum hast du mir all das angetan? Warum hast du mich dahin gebracht? Warum nur quälst du mich so entsetzlich? …«

Er erwartete freilich keine Antwort auf diese Fragen und weinte auch darüber, dass es keine Antwort gab und nicht geben konnte. Die Schmerzen wurden aufs Neue stärker, aber er rührte sich nicht und rief niemand herbei. Er sprach heimlich: »Noch, noch, schlag nur zu! Warum jedoch, warum? Was habe ich dir angetan, warum?«

Leo Tolstoi

Büchner hat nicht gesagt, Gott ist tot. Er teilt uns mit, woran Gott stirbt. Jeder Gott. Er stirbt daran, dass er nicht hilft.

Im ›Danton‹: ›Warum leide ich‹? Das ist der Fels des Atheismus. Das leiseste Zucken des Schmerzes, und rege es sich nur in einem Atom, macht einen Riss in die Schöpfung von oben bis unten.‹

Als Oberlin, der Pfarrer in der Geschichte ›Lenz‹ bei Büchner zu Lenz von Gott spricht, sieht Lenz ihn mit einem Ausdruck unendlichen Leidens an und sagt endlich: ›Aber ich, wär' ich allmächtig, sehen Sie, wenn ich so wäre, ich könnte das Leiden nicht ertragen, ich würde retten, retten, retten, retten …‹ Daran stirbt ihm sein Gott, dass er den Menschen nicht helfen kann. Büchner kann Menschen nicht leiden sehen, das ist alles. Ein Gott, der nicht hilft, ist keiner. Aber wenn dann keiner ist, schießt eben aus allem, was Zeit und Raum servieren, dieser Leere-Schrecken heraus. Und in einer Welt, aus der die Dimension Gott verschwunden ist, schnurrt dieses Ich, das gerade noch phantastisch aufgelegt schien, zu einem trockenen, einsamen, schmerzhaften Punkt zusammen. Darum ist jeder bei Büchner ein armer Hund …

Martin Walser

Mein Herz ruft
meinen Abgründen zu
Lasst mich nicht
tiefer schauen
Lasst mich nicht
dunkler fallen
Lasst mich nicht

Ida Lamp

Von einer fröhlichen Runde kommend
Gehe ich zum Friedhof.
Da stehen zwei Mädchen, die weinen.
Sie haben in diesem Jahr den Vater verloren.
Und jetzt, nach einigen Monaten, die Mutter.
»Wir haben so viel gebetet.
Gibt es wirklich keinen Gott?«
Die Frage »Warum?« hat noch nicht ausgedient.
Ich schweige,
ich stehe wortlos da als Zeuge Gottes.
Stehen bleiben, das ist meine Antwort.

MARTIN GUTL

Die traurige Blume Wanka

Zu nächtlicher Stunde unterhalten sich die Blumen hinter dem Fensterchen der Großmutter Agafja. Drei Fenster hat das kleine Haus, und alle drei sind mit Blumen vollgestellt. Tagsüber schauen sie auf die Straße, zeigen den Vorübergehenden ihre grünen Blätter und tun so, als könnten sie nur in ihren Blumentöpfen stehen und blühen. Aber in der Nacht, wenn im Hause alles ruhig ist und Großmütterchen schläft und träumt, dann werden die Blumen munter und sprechen miteinander.

So ist es in jeder Nacht. Bis der Morgen kommt, haben sich die Blumen immer viel zu erzählen. Schnell vergehen die Stunden. Eine aber ist still in sich gekehrt und macht ein trauriges Gesicht. Noch nie hat jemand sie blühen sehen, noch nie hat jemand sie reden hören. Schweigend nur schaut sie durch die Fensterscheiben in die dunklen Augen der Nacht und weint. Aus ihren Blättern rinnen klare Tropfen – alle sehen es.

Die traurige Blume steht neben der Begonie, und die Begonie bedrückt es, dass sie so einen langweiligen, schweigsamen Nachbarn hat.

Dann aber eines Nachts, als es wieder still geworden ist im kleinen Haus, wendet sich die traurige Blume an die Begonie und spricht: »Weißt du eigentlich, wer ich bin?«

»Natürlich, du bist die traurige Wanka.«

»So nennt mich Großmutter wegen meiner Tränen. Aber niemand von euch weiß, warum ich weine, und niemand kennt meinen richtigen Namen. Ich heiße Flämmchen.«

»Ein seltsamer Name«, meint die Begonie. »Flämmchen? Aber du brennst doch nie und blühst auch nicht.«

»Das ist ja mein Unglück, dass mich Großmutter nicht blühen lässt. Denn wenn ich ausgeblüht habe, muss ich sterben. Schneidet aber jemand meine Blütenknospen ab, dass sie sich nicht öffnen können zur Blüte, dann kann ich lange leben. Darum wacht Großmutter darüber, dass sich meine Blütenknospen nicht öffnen und schneidet sie ab. Aber diesmal hat sie eine übersehen.«

»Übersehen?«, fragt die Begonie.

»Ich habe sie versteckt, und morgen, da wird sie blühen.«

Die Begonie wird unruhig und flüstert: »Warum hast du das getan? Dann musst du ja ...«

»... sterben, willst du sagen«, unterbricht sie die traurige Wanka. Der Mond blickt ins Fenster. In seinem Licht können sie alle es sehen: Wanka ist nicht mehr traurig. Sie strahlt vor Glück.

»Es ist wahr, ich muss sterben. Doch vorher werde ich blühen. Und jetzt habe ich etwas, worüber ich mit euch reden kann.«

»Aber du darfst nicht blühen. In deiner Blüte lauert der Tod. Wie konntest du nur, Wanjuschka!«

»Ich konnte einfach nicht anders. Was ist das für ein Leben, wenn ich nicht blühen darf? Ihr habt euch geärgert über mich, weil ich nicht mit euch gesprochen habe. Ich wusste einfach nichts zu sagen. Großmutter hat immer meine Blütenknospen abgeschnitten, darum habe ich geweint. Und ihr habt mich die traurige Wanka genannt.«

»Verzeih uns, wir haben ja nichts von dir gewusst«, sagt die Begonie.

»Ich bin euch nicht böse. Ich habe geweint und war ja auch wirklich eine traurige Wanka. Aber morgen werden ich blühen, und ihr sollt verstehen, warum man mich Flämmchen nennt.«

Am Morgen, als die Sonne aufgeht, hat die traurige Wanka eine Blüte. Großmutter schlägt vor Verwunderung die Hände zusammen. »Ach, du meine Güte, wer hätte das gedacht!«

Wanka sagt nichts. Sie hält ihre rote Blüte wie einen leuchtenden Stern über sich. Alle fünf Blütenblätter brennen wie Feuer, und alle Blumen hinter dem Fenster wissen es: Jetzt muss Wanka sterben. Dennoch haben sie ihre Freude an ihrer Blüte. Nur Großmutter wiederholt ein ums andere Mal: »Das hätte ich nicht gedacht!«

MÄRCHEN

Was ich sehe und was mich verwirrt, ist dies:
Ich schaue nach allen Seiten und sehe überall nur Finsternis.
Die Natur bietet mir nichts,
das nicht Anlass zu Zweifel und Unruhe wäre.
Wenn ich nichts in ihr sähe, das auf eine Gottheit hinweist,
würde ich mich für die Leugnung entscheiden;
wenn ich überall die Spuren des Schöpfers sähe,
würde ich freudig im Glauben ruhen.
Da ich aber zu viel sehe, um zu leugnen,
und zu wenig, um sicher zu sein,
bin ich in einem beklagenswerten Zustand,
in dem ich hundertfach gewünscht habe,
dass die Natur, wenn wirklich ein Gott sie trägt,
mir dies ohne Zweideutigkeit bezeuge;
und dass sie die Kennzeichen,
die sie von einem solchen Gotte gibt,
ganz und gar unterdrücke, wenn sie trügerisch sind;
dass sie alles sage oder nichts,
damit ich sehe, wofür ich mich entscheiden muss.
Stattdessen weiß ich aber in dem Zustand,
in dem ich mich befinde,
weder was ich bin, noch was ich tun muss,
und kenne weder meinen Zustand noch meine Pflicht.
Mein ganzes Herz sehnt sich,
zu erkennen, wo das wahre Gut ist,
damit ich ihm folge;
kein Preis wäre mir für die Ewigkeit zu teuer.
Ich beneide die, welche ich so nachlässig im Glauben leben sehe,
die einen so schlechten Gebrauch machen von einer Gabe,
die ich, wie mir scheint,
ganz anders nutzen würde.

Blaise Pascal

Eine Gewalt nimmt uns fort. Der Augenblick flieht. Die Stunde wendet sich nie. Rechts und links wird gestorben. Aber die Zeit näht unbekümmert weiter Augenblick an Augenblick. Es wird eine Zeit geben, da ist Zeit ohne mich. Es ist mir unmöglich, das zu denken. Wer hält einmal an und betrachtet alle die Augen, die sich schließen, die Dinge, die unaufhaltsam in die Erde sinken?

JOHANN CHRISTOPH HAMPE

Dass ich mich nicht so gern entferne

Vergib mir, Herr,
dass ich nicht
allzu sehr erfreut heut
deinem Ruf
nach Hause folgen kann.
Denn du hast diese kleine
runde Welt so blau gemacht,
dass ich mich
nicht so gern
von ihr entferne.
Auch wenn sie richtig blau
erst aus der Ferne wirkt,
so wie man hört.
Ich bin betört von meinem grünen
wirren Leben, an dem ich hänge
und das an mir klebt.
Wir sind untrennbar – unvermeidlich eins.
Du kannst das nicht so einfach dualieren.
Das kann nicht einer deiner Pläne sein.
Da bin ich sicher,
lass uns noch mal zählen,
ob nicht in deinem Plan für mich
noch ein paar Jahre fehlen.

Wer soll denn,
wenn ich nicht mehr bin,
dir meine Wort leihen und die andern
Sinne, damit du lieben kannst,
was du erschufst.
Bleib du in meiner Art
noch etwas hier,
denn niemals mehr wird
jemand diese Welt für dich
mit meinen Augen sehen.
Vergib mir, Herr,
dass ich nicht
allzu sehr erfreut heut
oder morgen
deinem Ruf nach Hause folge.
Doch wenn du meinst,
dass ich genug vom Blau gekostet habe,
gib mir die Ahnung einer neuen Farbe,
die noch die Lücken meines Lebens webt.

Catrina E. Schneider

Die Wahrheit

Dass niemand prahl, ich sei ein Held gewesen!
Zwar konnt ich fest dem Tod entgegenschauen
Jedoch vorm Sterben fühlt ich kaltes Grauen.
Sterben ist einsam. Tod ist das Genesen.
Wohl werdet ihr in diesen Zeilen lesen
von unerschütterlichem Gottvertrauen.
Doch niemand kann auf Menschenkräfte bauen –
oh nein! Gott weiß: ich bin kein Held gewesen.
Ich habe viel und bitterlich geweint
in leerer Krankenzimmernacht gefangen
schwach wie ein Kind, das nach der Mutter greint

von Angst gewürgt, gejagt von schwarzem Bangen
dem nicht das kleinste Erdenlicht mehr scheint –
So, nackt und zitternd, sollt ich heimgelangen.

Ernst Ginsberg

Nun geschah es eines Tages, dass seine Söhne und Töchter im Haus ihres erstgeborenen Bruders aßen und Wein tranken. Da kam ein Bote zu Ijob und meldete: Die Rinder waren beim Pflügen und die Esel weideten daneben. Da fielen Sabäer ein, nahmen sie weg und erschlugen die Knechte mit scharfem Schwert. Ich ganz allein bin entronnen, um es dir zu berichten.

Noch ist dieser am Reden, da kommt schon ein anderer und sagt: Feuer Gottes fiel vom Himmel, schlug brennend ein in die Schafe und Knechte und verzehrte sie. Ich ganz allein bin entronnen, um es dir zu berichten.

Noch ist dieser am Reden, da kommt schon ein anderer und sagt: Die Chaldäer stellten drei Rotten auf, fielen über die Kamele her, nahmen sie weg und erschlugen die Knechte mit scharfem Schwert. Ich ganz allein bin entronnen, um es dir zu berichten.

Noch ist dieser am Reden, da kommt schon ein anderer und sagt: Deine Söhne und Töchter aßen und tranken Wein im Haus ihres erstgeborenen Bruders. Da kam ein gewaltiger Wind über die Wüste und packte das Haus an allen vier Ecken; es stürzte über die jungen Leute und sie starben. Ich ganz allein bin entronnen, um es dir zu berichten.

Nun stand Ijob auf, zerriss sein Gewand, schor sich das Haupt, fiel auf die Erde und betete an. Dann sagte er: *Nackt kam ich hervor aus dem Schoß meiner Mutter; / nackt kehre ich dahin zurück. / Der Herr hat gegeben, der Herr hat genommen; / gelobt sei der Name des Herrn.*

Ijob 1,13-21

Danach tat Ijob seinen Mund auf und verfluchte seinen Tag. Ijob ergriff das Wort und sprach:

Ausgelöscht sei der Tag, an dem ich geboren bin, /
die Nacht, die sprach: Ein Mann ist empfangen. (…)
Warum starb ich nicht vom Mutterschoß weg, /
kam ich aus dem Mutterleib und verschied nicht gleich?
Weshalb nur kamen Knie mir entgegen, /
wozu Brüste, dass ich daran trank?
Still läge ich jetzt und könnte rasten, /
entschlafen wäre ich und hätte Ruhe
bei Königen, bei Ratsherren im Land, /
die Grabkammern für sich erbauten,
oder bei Fürsten, reich an Gold, /
die ihre Häuser mit Silber gefüllt.

Aus Ijob 3

Zum Ekel ist mein Leben mir geworden, /
ich lasse meiner Klage freien Lauf, /
reden will ich in meiner Seele Bitternis.
Ich sage zu Gott: Sprich mich nicht schuldig, /
lass mich wissen, warum du mich befehdest.
Nützt es dir, dass du Gewalt verübst, /
dass du das Werk deiner Hände verwirfst, /
doch über dem Plan der Frevler aufstrahlst? (…)
Deine Hände haben mich gebildet, mich gemacht; /
dann hast du dich umgedreht und mich vernichtet.
Denk daran, dass du wie Ton mich geschaffen hast. /
Zum Staub willst du mich zurückkehren lassen.
Hast du mich nicht ausgegossen wie Milch, /
wie Käse mich gerinnen lassen?

Aus Ijob 10

Hiob

O du Windrose der Qualen!
Von Urzeitstürmen
in immer andere Richtungen der Unwetter gerissen;
noch dein Süden heißt Einsamkeit.
Wo du stehst, ist der Nabel der Schmerzen.

Deine Augen sind tief in den Schädel gesunken
wie Höhlentauben in der Nacht
die der Jäger blind herausholt.
Deine Stimme ist stumm geworden,
denn sie hat zu viel Warum gefragt.

Zu den Würmern und Fischen ist deine Stimme eingegangen.
Hiob, du hast alle Nachtwachen durchweint
aber einmal wird das Sternbild deines Blutes
alle aufgehenden Sonnen erbleichen lassen.

NELLY SACHS

Genug!

Trost kommt nicht aus Menschenworten,
Trost kommt nicht aus der leuchtenden Sonne,
Trost kommt nicht aus den Blumen,
den Gaben teilnehmender Hände,
Trost kommt nicht aus dem Spruch an der Wand,
Trost kommt nicht – o Herr! –
von dem Kreuz.
Denn es herrscht der Schmerz,
der wilde, schreckliche Schmerz
und die namenlose Angst und Verzweiflung.
Trost gibt es keinen.
Es gibt nichts als den Schmerz.
Und die Frage: Warum?
Und den gequälten Schrei: »Genug!«
Nein, Trost gibt es keinen.
Nur einen gemarterten Körper,
der Seele und Geist in nichts auflöst.
Einen Körper, der schreit: »Lasst mich sterben!«
Sterben?
Und was dann?
Ruhe vor dem Schmerz!
Nur dies:
keinen Schmerz mehr …
Trost gibt es keinen.
Hat es einmal Trost gegeben?
Vielleicht –
Aber nun ist da nichts als der Schmerz,
der wilde, schreckliche Schmerz
und die namenlose Angst und Verzweiflung,
und die Frage: Warum?
und der Schrei: »Genug!«

HILDE HOFMANN

Ich stille nicht

In der Fülle der Wörter
finde ich keines,
das satt macht,
halte dem Lebenshunger
dem Sinnesdurst
im Angesicht des Todes
nur Schweigen hin
stillt diese Stille?

fraglos
macht sie nicht
atemlos
manchmal
mich und dich

Gott
ist der Atem
hinter dem Schweigen

IDA LAMP

Spiegel

Wenn ich so schweigend
nur noch bin
und wir im Da-Sein
Spiegel sind einander
hebt sich die Schwere
und wird Mut zu leben.
Wenn dann Gebete
jenseits blanker Worte
gewahr geworden sind
in den Gewändern,
die das Sehnen schützen,
wird es ein neues Ufer geben.

CATRINA E. SCHNEIDER

Psalm

Darf ich ihn lieben, oh Herr,
deinen Boten, den Tod?
Sieh, ich verdorre.
Er nur winkt mir, ein Licht
für den Seemann bei Nacht
Klatschende Wogen ringsum
Grauen, Nässe und Leere.
Darf ich ihn lieben
den Haifisch im schwarzen Gewässer
dass er die Zähne mir schlage
ins todessüchtige Herz –
Jesus, erbarm dich!

Ernst Ginsberg

Herr, du Gott meines Heils, /
zu dir schreie ich am Tag und bei Nacht.
Lass mein Gebet zu dir dringen, /
wende dein Ohr meinem Flehen zu!
Denn meine Seele ist gesättigt mit Leid, /
mein Leben ist dem Totenreich nahe.
Schon zähle ich zu denen, die hinabsinken ins Grab, /
bin wie ein Mann, dem alle Kraft genommen ist.
Ich bin zu den Toten hinweggerafft /
wie Erschlagene, die im Grabe ruhen; an sie denkst du nicht mehr, / denn sie sind deiner Hand entzogen.
Du hast mich ins tiefste Grab gebracht, /
tief hinab in finstere Nacht.
Schwer lastet dein Grimm auf mir, /
all deine Wogen stürzen über mir zusammen.

Die Freunde hast du mir entfremdet, /
mich ihrem Abscheu ausgesetzt; /
ich bin gefangen und kann nicht heraus.
Mein Auge wird trübe vor Elend. /
Jeden Tag, Herr, ruf ich zu dir; /
ich strecke nach dir meine Hände aus.
Wirst du an den Toten Wunder tun, /
werden Schatten aufstehn, um dich zu preisen?
Erzählt man im Grab von deiner Huld, /
von deiner Treue im Totenreich?
Werden deine Wunder in der Finsternis bekannt, /
deine Gerechtigkeit im Land des Vergessens?
Herr, darum schreie ich zu dir, /
früh am Morgen tritt mein Gebet vor dich hin.
Warum, o Herr, verwirfst du mich, /
warum verbirgst du dein Gesicht vor mir?
Gebeugt bin ich und todkrank von früher Jugend an, /
deine Schrecken lasten auf mir und ich bin zerquält.
Über mich fuhr die Glut deines Zorns dahin, /
deine Schrecken vernichten mich.
Sie umfluten mich allzeit wie Wasser /
und dringen auf mich ein von allen Seiten.
Du hast mir die Freunde und Gefährten entfremdet; /
mein Vertrauter ist nur noch die Finsternis.

PSALM 88

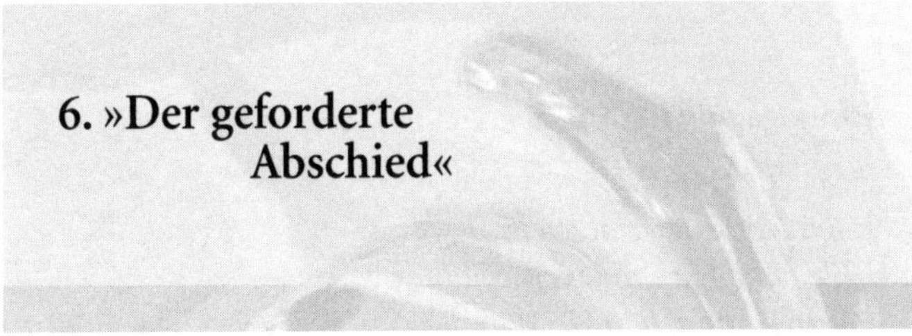

6. »Der geforderte Abschied«

Unser irdischer Lebensweg ist gepflastert mit unterschiedlichsten Trennungen und Abschieden. Immer wieder müssen wir uns trennen und verabschieden von Dingen und Menschen, von Möglichkeiten und Plänen, von Illusionen und Erwartungen, von Wünschen und Träumen. Fast immer haftet dem jeweiligen Abschied die Chance der Umkehrbarkeit an. Im Prozess des Sterbens jedoch werden wir in schmerzhafter Weise zu einem endgültigen und unwiderruflichen Abschied unseres Erdenlebens aufgefordert. Die Annahme des Sterbenmüssens kann stetig schwanken zwischen einem klaren »Ja« und einem resignierten »wenn es denn unbedingt sein muss«, das möglicherweise immer wieder unterbrochen wird von einem aufbegehrenden »Nein«, oder einem lauten und verbitterten »Warum«. Wir sind nicht nur gefordert, Abschied zu nehmen von dem, was war, sondern auch von dem, was hätte sein können. Wie immer wir auf diese Forderung reagieren, zu guter Letzt werden wir unerbittlich aufgerufen, in irgendeiner Form in das Unabwendbare einzuwilligen.

Sylvia Brathuhn

Schweige und höre

Vielleicht geht dir
in der Mitte der Nacht ein Licht auf
vielleicht hörst du unverhofft
eine neue Botschaft
vielleicht ahnst du plötzlich
dass Friede auf Erden denkbar ist
vielleicht erfährst du schmerzhaft
dass du Altes zurücklassen musst
vielleicht spürst du
dass sich etwas verändern wird
vielleicht wirst du aufgefordert
aufzustehen und aufzubrechen
schweige und höre
sammle Kräfte und brich auf
damit du den Ort findest
wo neues Leben möglich ist?

MAX FEIGENWINTER

seit ich weiß dass ich gehe
trinke ich langsamer
kaue das brot zwölfmal
lese den lokalteil
stocke wenn jemand fragt
warum gehst du

seit ich weiß dass ich gehe
schmecke ich heimat

WILHELM BRUNERS

Und um diese Zeit geschah es, dass Iwan Iljitsch sich abstürzen fühlte und das Licht sah [...]. Und plötzlich wurde ihm klar, dass alles, was ihn gequält hatte und nicht heraus wollte, dass all das plötzlich und mit einem Male herausquoll, von zwei Seiten, von zehn Seiten, von allen Seiten. Jene taten ihm Leid, und jetzt musste es geschehen, damit ihnen nicht mehr weh wäre. Sie befreien und sich selber von diesem Leiden befreien. ›Wie gut, und dabei wie einfach‹, dachte er. ›Und wo ist der Schmerz?‹, fragte er sich. Wo ist er hin? Sag mal, wo bist du hin, Schmerz?‹ Er begann hinzuhorchen. ›Aha, da ist er. Was macht es schon, meinetwegen Schmerz.‹ ›Und der Tod? Wo ist er?‹ Und er suchte nach seiner früheren, so gewohnten Todesangst und konnte sie nicht finden. Wo war sie? Und was denn für ein Tod? Es war keine Angst da, weil auch kein Tod mehr da war. Anstelle des Todes war ein Licht da. »So ist das also!«, sagte er plötzlich laut. »Welch eine Freude!«

LEO TOLSTOI

Was bleibt zurück?

Der See im letzten Abendlicht,
die Nacht ganz sacht ihr Schweigen bricht.
Ihr Dunkel hält mich fest umhüllt,
mein Herz vom Schmerz ganz ausgefüllt.
O Morgenrot, ich werd' dich nie mehr wieder sehn,
werd' leis' im Dunkel nach Hause gehn.

Was bleibt zurück?
Ich weiß es nicht.
Verlassen,
der See im letzten Abendlicht?

SYLVIA BRATHUHN

Der Einsiedler

Komm, Trost der Welt, du stille Nacht!
Wie steigst du von den Bergen sacht,
Die Lüfte alle schlafen,
Ein Schiffer nur noch, wandermüd,
Singt übers Meer sein Abendlied
Zu Gottes Lob im Hafen.

Die Jahre wie die Wolken gehn
Und lassen mich hier einsam stehn,
Die Welt hat mich vergessen,
Da tratst du wunderbar zu mir,
Wenn ich beim Waldesrauschen hier
Gedankenvoll gesessen.

O Trost der Welt, du stille Nacht!
Der Tag hat mich so müd gemacht,
Das weite Meer schon dunkelt,
Lass ausruhn mich von Lust und Not,
Bis dass das ewge Morgenrot
Den stillen Wald durchfunkelt.

Joseph von Eichendorff

Wenn man weiß, vielleicht auch nur ahnt, warum man gelebt hat, worauf es ankommt und wohin es mit uns hinaus will, dann kann man ebenso wohl weiterleben wie abgerufen werden, man ist einverstanden mit dem einen wie mit dem anderen.

Hannelore Frank

Und ich habe, wenn ich so zurückschaue, nicht viel verpasst und nicht viel zu bereuen. Mir wurde das Privileg zuteil, die Epoche von John Friedas Haarstruktur-Serum zu durchleben, das das Dasein aller kraushaarigen Frauen revolutionierte. Ich liebte meinen Matt. Wir liebten unsere Lola und unseren Joe. Und die Zukunft wird auch ganz gut ohne mich auskommen. Okay, Matt gießt nie den Garten, so dass die Wisteria kaum das nächste Jahrhundert erleben dürfte. Außerdem steht er nie nachts auf, um die Kinder wieder zuzudecken, aber in einem Haus mit Zentralheizung ist ja noch keiner vor Kälte gestorben. Ansonsten, denke ich, wird das Leben weitergehen wie immer. Nur wird es mir so fehlen.

Ruth Picardie

Ein Mann sah sich von einer großen gefährlichen Schlange bedroht. Er tat, was ihm nützlich erschien: Er begann gegen sie zu kämpfen. Doch die Schlange war übermächtig. Der Mann erkannte das und versuchte zu fliehen. Aber die Schlange folgte ihm, und der Kampf begann von neuem. Der Mann fand nie mehr die Ruhe. Seine Kräfte verzehrten sich in der Abwehr der Schlange; er vermochte nichts anderes mehr zu leisten.

Eines Tages sah ein Weiser das vergebliche Bemühen des Mannes und sagte: »Gib es auf zu fliehen und gib es auf zu kämpfen.« »Aber«, rief der Mann, »dann frisst mich doch das Ungetüm.« »Folge meinem Rat«, sagte der Weise, »und du wirst Ruhe haben. Schlüpfe neben die Schlange, leg dich an ihre Seite, passe dich ihren Windungen an, so wird sie niemals mehr dich angreifen, und du bist gerettet.«
Der Mann tat so und fand Frieden.

Indische Legende

Wandrers Nachtlied

Der du von dem Himmel bist,
Alles Leid und Schmerzen stillest,
Den, der doppelt elend ist,
Doppelt mit Erquickung füllest,
Ach, ich bin des Treibens müde!
Was soll der Schmerz und Lust?
Süßer Friede,
Komm, ach komm in meine Brust!

JOHANN WOLFGANG VON GOETHE

»Siehst du, Momo«, sagte er dann zum Beispiel, »es ist etwa so: Manchmal hat man eine sehr lange Straße vor sich. Man denkt, die ist so schrecklich lang; das kann man niemals schaffen, denkt man.« Er blickte eine Weile schweigend vor sich hin, dann fuhr er fort: »Und dann fängt man an sich zu eilen. Und man eilt immer mehr. Jedes Mal, wenn man aufblickt, sieht man, dass es gar nicht weniger wird, was noch vor einem liegt. Und man strengt sich noch mehr an, man kriegt es mit der Angst, und zum Schluss ist man ganz außer Puste und kann nicht mehr. Und die Straße liegt noch vor einem. So darf man es nicht machen.« Er dachte einige Zeit nach, dann sprach er weiter: »Man darf nie an die ganze Straße auf einmal denken, verstehst du? Man muss nur an den nächsten Schritt denken, an den nächsten Atemzug, an den nächsten Besenstrich. Und immer wieder nur an den nächsten.« [...] Und abermals nach einer langen Pause fuhr er fort: »Auf einmal merkt man, dass man Schritt für Schritt die ganze Straße gemacht hat. Man hat gar nicht gemerkt wie, und man ist nicht außer Puste.« Er nickte vor sich hin und sagte abschließend: »Das ist wichtig.«

MICHAEL ENDE

Stille rosa Reise

Ich kam von einer
stillen rosa Reise
und legte rund und weich mich
ohne jegliche Beweise
in deine Hand des Atems und der Liebe.

Und aufgewacht sah ich die grenzenlose Offenheit
und weite Tore bis zum Horizont.
Das Staunen ließ die Neugier größer werden und bereit
zu allem, was Belohnung findet
in einer Hand, die lässt und bindet.

Mit jedem der bewegten Schritte
entstand mir Meer
und Sand und Sinn
und Gott war gut und groß und weise
in jeder Hand, die zeigt mir Sternenbilder und Beweise.

Im Abendrot sah ich die Sonne glühend sinken
so oft und freute mich an ihren Farben.
Mit einmal tat es berstend weh
und meine Seele fühlte nur noch Narben.
Verletzt verschloss ich mich den Händen,
die mich dennoch tragen.

Und einmal werde ich
in einer dieser sternenwachen Nächte
am Ende und am Anfang angekommen sein.
Das Tor, das jeden Weg verbindet,
steht offen und ich geh hinein.

Ich komm von einer
stillen rosa Reise
und lege rund und weich mich
ohne jegliche Beweise
in deine Hand des Atems und der Liebe.

CATRINA E. SCHNEIDER

Ob ich auch gleich nichts fühle von deiner Macht,
du führst mich doch zum Ziele, auch durch die Nacht:
so nimm denn meine Hände und führe mich
bis an mein selig Ende und ewiglich!

Julie Hausmann

Wenn ich einmal soll scheiden,
so scheide nicht von mir.
Wenn ich den Tod soll leiden, so tritt du dann herfür.
Wenn mir am allerbängsten
wird um das Herze sein,
so reiß mich aus den Ängsten
kraft deiner Angst und Pein.

Erscheine mir zum Schilde,
zum Trost in meinem Tod,
und lass mich sehn dein Bilde
in deiner Kreuzesnot.
Da will ich nach dir blicken,
da will ich glaubensvoll
dich fest an mein Herz drücken.
Wer so stirbt, der stirbt wohl.

Paul Gerhardt

Abend

Der schnelle Tag ist hin, die Nacht schwingt ihre Fahn
Und führt die Sternen auf. Der Menschen müde Scharen
Verlassen Feld und Werk; wo Tier und Vögel waren,
Traurt itzt die Einsamkeit. Wie ist die Zeit vertan!

Der Port naht mehr und mehr sich zu der Glieder Kahn.
Gleich, wie dies Licht verfiel, so wird in wenig Jahren
Ich, du und was man hat und was man sieht, hinfahren.
Dies Leben kommt mir vor wie eine Rennebahn.

Lass, höchster Gott, mich doch nicht auf dem Laufplatz gleiten!
Lass mich nicht Ach, nicht Pracht, nicht Lust, nicht Angst verleiten.
Dein ewig heller Glanz sei vor und neben mir!

Lass, wenn der müde Leib entschläft, die Seele wachen,
Und wenn der letzte Tag wird mit mir Abend machen,
So reiß mich aus dem Tal der Finsternis zu dir!

Andreas Gryphius

Als ich im weißen Krankenzimmer der Charité
aufwache gegen Morgen zu
und die Amsel hörte, wusste ich
es besser. Schon seit geraumer Zeit
hatte ich keine Todesfurcht mehr. Da ja nichts
mir je fehlen kann, vorausgesetzt
ich selber fehle. Jetzt
gelang es mir, mich zu freuen
allen Amselgesanges nach mir auch.

Bert Brecht

Auf jeden Fall muss ich mich innerlich gehörig loslassen und mich hergeben. Es ist die Zeit der Aussaat, nicht der Ernte. Gott sät; einmal wird er auch wieder ernten. Um das eine will ich mich mühen: wenigstens als fruchtbares und gesundes Saatkorn in die Erde zu fallen. Und in des Herrgotts Hand. Und mich gegen den Schmerz und die Wehmut wehren, die mich manchmal anfallen wollen. Wenn der Herrgott diesen Weg will und alles Sichtbare deutet darauf hin – dann muss ich ihn freiwillig und ohne Erbitterung gehen.

Alfred Delp

Mach mich zum Wächter deiner Weiten,
mach mich zum Horchenden am Stein,
gib mir die Augen auszubreiten
auf deiner Meere Einsamsein;
lass mich der Flüsse Gang begleiten
aus dem Geschrei zu beiden Seiten
weit in den Klang der Nacht hinein.
Schick mich in deine leeren Länder,
durch die die weiten Winde gehn,
wo große Klöster wie Gewänder
und ungelebte Leben stehn.
Dort will ich mich zu Pilgern halten,
von ihren Stimmen und Gestalten
durch keinen Trug mehr abgetrennt,
und hinter einem blinden Alten
des Weges gehn, den keiner kennt.

Rainer Maria Rilke

Lebenslauf

Zwischen einem Wimpernschlag
und einem nächsten
wohnt der große Gott
und tröpfelt sein Begehren
mitten in dein Herz
an einen unbekannten Ort.

Wie viel Kraft dreht sich in deiner Mitte?
Wie viel leises Leben lehnt an dir?
Und schläft mit seiner großen Bitte
vor der großen Lebenstür?

Die Welt verschiebt sich in einen Augenblick.
Es fällt kein Laut, die Zeit hört zu.
Alles hält sich jetzt zurück.
Nur du!

Du führst den Finger an die Mitte,
wortlos, selbst gebannt –
und es brechen tausend Zauberstücke,
fallen nieder, werden Sand.
Was schlafend war, wird wach,
was zu, geht auf
und bahnt sich in dir
seinen großen, kleinen
Lebenslauf.

EDUARD ZWIERLEIN

Den Schlüssel zu meiner Tür gebe ich zurück. Nichts will ich mehr aus meinem Haus. Der Ruf ist ergangen, ich bin zum Aufbruch bereit.

RABINDRANATH TAGORE

Trennung

Du wirst dich trennen
von den Magnolienblüten
und den jubilierenden Vögeln

von deinem Haus
und den Händen
die es bewohnbar machen

von der hartnäckigen Gewohnheit
die Augen aufzuschlagen
und zu schließen
wenn der Traum dich ruft

vom Wort
das dich erschaffen hat

Du wirst dich trennen
von deinem Schatten
der dich lebenslang
verfolgte im Licht

Die Erde wird sich trennen
von dir
und deiner Liebe zu ihr

ROSE AUSLÄNDER

Ich gehe sterben und folge so anderen, auch nach mir folgen andere, denn ich bin weder Erster noch Letzter, deshalb gehe ich sterben.

Ich gehe sterben, ich bin König, doch was ist das für eine Würde, was für weltliche Eitelkeit, denn König und Herr des Menschen ist der Tod, deshalb gehe ich sterben.

Ich gehe sterben, ich bin ein wackerer Ritter, aber den Tod habe ich nicht besiegen können.

Ich gehe sterben, ich bin ein kühner Streiter und kann gut kämpfen, aber den Tod kann ich nicht besiegen, deshalb gehe ich sterben.

Ich gehe sterben, denn das Alter lässt mich nicht länger leben.

Ich gehe sterben, ich bin alt, und das Ende meiner Zeit ist nun nahe, und das Tor des Todes steht offen, deshalb gehe ich sterben.

Ich gehe sterben, meine Rede ist weise, anderen habe ich mit meiner Rede Einhalt geboten, aber mir hat der Tod Einhalt geboten, deshalb gehe ich sterben.

Ich gehe sterben, ich bin reich, doch ein Viel an Gold oder an Rindern nützt mir nichts.

Ich gehe sterben, ich bin arm und nehme nichts mit mir, diese Welt ist mir verhasst, ich trete nackend aus ihr hinaus und gehe sterben …

UNGARN, 15. JAHRHUNDERT

Es ist genug

Es ist genug! Mein matter Sinn
Sehnt sich dahin, wo meine Väter schlafen.
Ich hab es endlich guten Fug,
Es ist genug!
Ich muss mir Rast verschaffen

Ich bin ermüdt, ich hab geführt.
Die Tagesbürd:
Es muss nun Abend werden.
Erlös mich, Herr, spann aus den Pflug,
es ist genug!
Nimm von mir die Beschwerden.

Die große Last hat mich gedrückt,
ja schier erstickt,
so viele lange Jahre.
Ach, lass mich finden, was ich such
Es ist genug!
Mit solcher Kreuzesware.

Nun gute Nacht, ihr meine Freund,
ihr meine Feind,
ihr Guten und ihr Bösen!
Euch folg die Treu. Auch folg der Trug.
Es ist genug!
Mein Gott will mich auflösen.

So nimm nun, Herr! Hin meine Seel,
die ich befehl
in deine Händ und Pflege
Schreib sie ein in dein Lebensbuch
Es ist genug!
Dass ich mich schlafen lege,

Nicht besser soll es mir ergehn,
als wie geschehn
den Vätern, die erworben
durch ihren Tod des Lebens Ruch. (Ruh)
Es sei also gestorben.

ANTON ULRICH, HERZOG ZU BRAUNSCHWEIG

Jetzt kann Gott kommen!

Ein Mann erfuhr, dass Gott zu ihm kommen wollte. »Zu mir?«, schrie er. »In mein Haus?« Er rannte in alle Zimmer, er lief die Stiegen auf und ab, er kletterte zum Dachboden hinauf, er stieg in den Keller hinunter. Er sah sein Haus mit anderen Augen. »Unmöglich!«, schrie er. »In diesem Dreckstall kann man keinen Besuch empfangen. Alles voller Gerümpel. Kein Platz zum Ausruhen. Keine Luft zum Atmen.« Er riss Fenster und Türen auf. »Brüder! Freunde!«, rief er. »Helft mir aufzuräumen — irgendeiner! Aber schnell!« Er begann, sein Haus zu kehren. Durch dicke Staubwolken sah er, dass ihm einer zu Hilfe gekommen war. Sie schleppten das Gerümpel vors Haus, schlugen es klein und verbrannten es. Sie schrubbten die Stiege und Böden. Sie brauchten viele Kübel Wasser, um die Fenster zu putzen. Und noch immer klebte der Dreck an allen Ecken und Enden. »Das schaffen wir nie«, schnaufte der Mann. »Das schaffen wir«, sagte der andere. Sie plagten sich den ganzen Tag. Als es Abend geworden war, gingen sie in die Küche und deckten den Tisch. »So«, sagte der Mann, »jetzt kann er kommen, mein Besuch! Jetzt kann Gott kommen. Wo er nur bleibt?« »Aber ich bin ja da«, sagte der andere und setzte sich an den Tisch. »Komm und iss mit mir!«

LENE MAYER-SKUMANZ

Choral

Nun wird es Zeit zu danken
Eh Herz und Auge bricht
Für alle Gottesgaben
Für Leben, Luft und Licht –

Zu danken für die Eltern
Die mir in dieser Welt
Die blinden Kinderfüße
Auf graden Weg gestellt –

Zu danken für die Freundschaft
Die mir zur Seite ging
Und oft mit starken Armen
Den Taumelnden umfing –

Zu danken für die Liebe
Die ich so oft verriet
Sie aber sang die Treue
Das ewge Lebenslied –

Zu danken für den Sohn
Den die Liebe uns gebar
Er machte meinem Leben
Kein einzig graues Haar –

Zu danken für die Enkel,
Wie blüht das Leben fort
Wie mir sei Gott euch gnädig
An jedem Lebensort –

Zu danken für die Freuden
Wie war die Welt so schön
Um staunend voll Entzücken
Von Glück zu Glück zu gehen –

Zu danken für die Leiden:
Sie sühnten dunkle Schuld
Und prüften Herz und Nieren
Im Abgrund der Geduld –

Zu danken für die Tränen
Des Lachens wie der Not:
Die Not ach bittre Speise
Das Lachen gut wie Brot –

Zu danken für die Gaben
Der Kunst, der ich gehört
Die mich seit Knabenjahren
besessen und betört –

Dank für die Welt von Träumen
Dank für die Wirklichkeit
Dank, dass ich nie dem Nichts
In dieser schwarzen Zeit –

Zu danken für die Vielen
Die meinen Sinn erfühlt
Und meine Sprache liebten:
Für sie hab ich gespielt –

Nun wird es Zeit zu danken …
Das Wort vermag es nicht!
Doch du nimm den Verstummten
Herr, wortlos heim ins Licht.

ERNST GINSBERG

7. »Das Zeitlich gestrost zu segnen …«

Trost – nicht Vertröstung – erleben Menschen, die dem Tod begegnen, als Geschenk. Niemand kann Trost »machen«, organisieren, erkaufen.

Wachsam – offen für Trost – ihn anzubieten oder zu empfangen – wenn die Zeit des Trostes gekommen ist – er kann zum Segen werden. Er kann uns begegnen in der Begegnung, im Rückblick, im Perspektivenwechsel, im Glauben an Gott, in einem Gebet, in Musik, in der Stille …

CHRISTOPH DROLSHAGEN

In jedem Segen ist es Gott, der segnet,
in jedem guten Wort und Handeln begegnet
dem Menschen Liebe, die beglückt und leben lässt.

In schweren und in guten Zeiten
will Segen unsre Herzen weiten
mit Lebenskraft und Glaubens-Sinn.

So gehen wir auf bunten Lebenswegen
– gestundet ist die Zeit – entgegen
dem, der auch meine Zeit in seinen Händen hält.

Wenn wir auch sterben müssen,
wir sollen segnend wissen,
dass alle Zeitlichkeit von Gott gesegnet ist:

das, was wir lassen müssen,
die, die wir nie mehr küssen,
stehn unter Gottes gutem Wort

Das Zeitliche getrost zu segnen,
gewiss, dass Liebe Liebe wird begegnen –
das ist uns aufgetragen,
das lasst uns segnend weitersagen.

IDA LAMP

Beim Einschlafen denke ich manchmal: Was wird mit mir sein, wenn ich nicht mehr aufwache? Ich denke mir oft, dass ich vor der Geburt von meiner Mutter umgeben war, in ihrem Leib, ohne sie zu kennen. Dann brachte sie mich zur Welt, und ich kenne sie nun und lebe mit ihr. So, glaube ich, sind wir als Lebende von Gott umgeben, ohne ihn zu erkennen. Wenn wir sterben, werden wir ihn erfahren, so wie ein Kind seine Mutter, und mit ihm sein. Warum soll ich den Tod fürchten?

CARL ZUCKMAYER

Ich bin nicht niedergeschlagen, ich habe den Mut nicht verloren. Das Leben ist überall das Leben, das Leben ist in uns und nicht in der Welt, die uns umgibt. In meiner Nähe werden Menschen sein, und ich ein Mensch unter Menschen zu sein und immer zu bleiben, unter welchen Umständen auch immer, das ist das Leben, das ist der wirkliche Sinn des Lebens, ich habe ihn verstanden.

FJODOR M. DOSTOJEWSKIJ (VOR DER VERBANNUNG NACH SIBIRIEN)

An das äußerste Ende gekommen
an den Abgrund geraten
von den Wörtern verlassen –
nur noch umflügelt von Lauten
leisen, auch sie schon ersterbend
lauschend geworden
entlauteten Worten
sich sagenden Seins –
da schwang sich empor
in die blaue Leere und
sang –
hörst du sie singen? –
die Lerche!

FRIDOLIN STIER

Zwölf Uhr mittags

Dem Pfarrer einer Stadt im Süddeutschen fiel ein alter, bescheiden wirkender Mann auf, der jeden Mittag die Kirche betrat und sie kurz darauf wieder verließ. So wollte er eines Tages von dem Alten wissen, was er denn in der Kirche tue. Der antwortete: »Ich gehe hinein, um zu beten.« Als der Pfarrer verwundert meinte, er verweile nie lange genug in der Kirche, um wirklich beten zu können, meinte der Besucher: »Ich kann kein langes Gebet sprechen, aber ich komme jeden Tag um zwölf und sage: ›Jesus, hier ist Johannes‹. Dann warte ich eine Minute, und er hört mich.«

Einige Zeit später musste Johannes ins Krankenhaus. Ärzte und Schwestern stellten bald fest, dass er auf die anderen Patienten einen heilsamen Einfluss hatte. Die Nörgler nörgelten weniger, und die Traurigen konnten auch mal lachen. »Johannes«, bemerkte die Stationsschwester irgendwann zu ihm, »die Männer sagen, du hast diese Veränderung bewirkt. Immer bist du gelassen, fast heiter.« »Schwester«, meinte Johannes, »dafür kann ich nichts. Das kommt durch meinen Besucher.« Doch niemand hatte bei ihm je Besuch gesehen. Er hatte keine Verwandten und auch keine engeren Freunde. »Dein Besucher«, fragte die Schwester, »wann kommt der denn?« »Jeden Mittag um zwölf. Er tritt ein, steht am Fußende meines Bettes und sagt: ›Johannes, hier ist Jesus‹.«

NACH EINER ALTEN ERZÄHLUNG

Wenn der Tod uns begegnet,
begegnen uns Trauer und Tränen.
Doch wenn da ein Mensch ist, der
uns nahe ist und uns Trost gibt,
können wir wieder Ruhe finden
und wir begreifen:
Tod bedeutet nicht nur Ende,
sondern auch Anfang!

RENATE DWORAK

… Keine Katze mit sieben Leben,
keine Eidechse und kein Seestern,
denen das verlorne Glied
nachwächst,
kein zerschnittener Wurm
ist so zäh wie der Mensch,
den man in die Sonne
von Liebe und Hoffnung legt.
Mit den Brandmalen auf seinem Körper
und den Narben der Wunden,
verblaßt ihm die Angst.
Sein entlaubter
Freudenbaum
treibt neue Knospen,
selbst die Rinde des Vertrauens
wächst langsam nach …

Hilde Domin

Dulce refrigerium. Man muss einmal einem Menschen begegnet sein, dessen Dasein und Nähe allein schon stärkt und erhebt, der für den anderen einfach ein Kraftfeld des Haltes, der Freude, der Zuversicht mit sich bringt, der einfach die Atmosphäre bestimmt: dann versteht man dieses Wort. Dass die geistige Stärkung und Erhebung und Beseligung, die mit dem dulce gemeint ist, sich wirklich wie Temperatur im Raum verbreitet und das Klima plötzlich voller Zuversicht und Menschenfreundlichkeit ist. Re-frigerium: Lösung des Erstarrten. Die Wohltat, die Wärme und Geborgenheit für den der Kälte und den Wunden ausgelieferten Leib bedeuten, die kommt dem Geist, dessen Erlebnisse ja auch die Trostlosigkeiten und Bedrängnisse viel intensiver spüren, in der Begegnung mit dem inneren Freund zu.

Alfred Delp

Man nimmt nicht selten in diesem Leben wahr, dass gute Menschen für ihre Mitmenschen eine reiche Quelle des Trostes sind. Wenn Armut schwer lastet und Trauer niederbeugt, wenn Körperschmerz die Ruhe nimmt und Fernsein von der Heimat traurig stimmt, wenn sonst irgendein Ungemach quält, sobald gute Menschen sich nahen, die »mit den Fröhlichen sich freuen, aber mit den Weinenden auch weinen können« und es verstehen, Worte heilenden Trostes zu finden und zu sprechen, dann wird in den meisten Fällen das Raue gemildert, das Schwere erleichtert und das Widerwärtige überwunden.

Aurelius Augustinus

Für gewöhnlich sieht der Mensch nur das Stoppelfeld der Vergänglichkeit; was er übersieht, sind die vollen Scheunen der Vergangenheit. Im Vergangensein ist nämlich nichts unwiederbringlich verloren, vielmehr alles unverlierbar geborgen. Nichts lässt sich aus der Welt schaffen, was einmal geschehen ist.

Viktor E. Frankl

Was abfallen muss, fällt ab;
was zu uns gehört, bleibt bei uns,
denn es geht alles nach Gesetzen vor sich,
die größer als unsere Einsicht sind.

Rainer Maria Rilke

Du große Wachsamkeit

Heut ist da Regen
groß und überschwer
und alle Tränen
auch die stummen
geben sich hinein.

Die Zeit ist so voll Abschied
Wehmut kühlt silbern
hinter verletzten Lidern
die Ahnungen von Wiederkehr.

Doch selbst durch festgeschlossne Fenster
an denen Tropfentrommel hallen,
spür ich die Winde,
die seit je mich rufen,
sich kreisend um mich legen
und verwehn.

Wo wird es
nach den stillen, schwarzen Nächten
Bergung geben?
Wer sammelt sacht das all versprühte
Glühen ein und Funkenschlagen,
das einst zu Sternen wird
in einem andern Sein?

Vernimm du alle meine Sprachen,
du große Wachsamkeit und Ruhe.
Gib mir an deinem Saum ein Halten,
wenn aller Widerstreit sich küsst
in deinem Arm.

Catrina E. Schneider

Die Betende

Ganz den Himmel in den süßen Blicken
Betet Laura, Engel beten mit,
Und ich seh mit heiligem Entzücken,
Wie ihr Geist das Heiligtum betritt,

Wo bei immer dampfenden Altären
Engel singen und Maria glüht
Innig ihren hohen Sohn zu ehren,
Der als Mensch hinieden einst geblüht.

Unschuld wohnt auf ihrem stummen Munde,
der Unsterblichkeit zu atmen scheint,
Himmelsbalsam heilet ihre Wunde,
Ahndung, die sie ihrem Freund vereint.

Lieg ich einstens schon im kalten Schweiße,
Fühl ich schon des Todes Trösterhand,
Gibt mir Trost auf meine dunkle Reise,
Dass ich dich so einstens betend fand.

NOVALIS

Kurzes Gebet

Herr, lass mich werden, der ich bin
In jedem Augenblick.
Und gib, dass ich von Anbeginn
Mich schick in mein Geschick.
Ich spür, dass eine Hand mich hält
Und führt, – bin ich auch nur
Auf schwarzem oder weißem Feld
Die stumme Schachfigur.

MASCHA KALÉKO

Gott,
mehr als wir tragen können, legst du keinem von uns auf.
Du schickst zwar Prüfungen,
vor denen wir erschrecken,
denen wir ausweichen möchten.
In Wahrheit aber
p r ü f s t du uns mit deinen Prüfungen.
Prüfst unseren Glauben, prüfst unser Vertrauen.
Gott, du führst uns in Versuchungen,
in denen wir schwach werden,
denen wir uns nicht gewachsen fühlen.
Dabei ist jede Versuchung nichts anderes
als dein Versuch, uns ernst zu nehmen,
mit uns auch große Dinge zu wagen.
Trotzdem lehrt Jesus uns beten:
»Vater, führe uns n i c h t in Versuchung.«
Denn wer von uns weiß, ob er bestehen wird?
Gott, du mutest uns oft Schweres zu.
Aber mit deiner Zumutung
gibst du uns auch den Mut,
das Schwere durchzustehen.
Du belastest uns scheinbar über unsere Kraft.
Aber mit d e i n e r Kraft verkraften wir alles.
Wir glauben, etwas sei unerträglich,
bis wir im Glauben an dich erkennen:
Du trägst nicht nur das Unerträgliche mit,
du trägst uns selber. Danke, Gott!

Theo Schmidkonz

Trostlied am Abend

Dein Wort ist meines Herzens Freude und Trost
Die Bibel

In jeder Nacht, die mich bedroht,
ist immer noch dein Stern erschienen.
Und fordert es, Herr, dein Gebot,
so naht dein Engel, mir zu dienen.
In welchen Nöten ich mich fand,
du hast dein starkes Wort gesandt.

Hat banger Zweifel mich gequält,
hast du die Wahrheit nie entzogen.
Dein großes Herz hat nicht gezählt,
wie oft ich mich und dich betrogen.
Du wußtest ja, was mir gebricht.
Dein Wort bestand: Es werde Licht!

Hat schwere Sorge mich bedrängt,
ward deine Treue mir verheißen.
Den Strauchelnden hast du gelenkt
und wirst ihn stets vom Abgrund reißen.
Wann immer ich den Weg nicht sah:
dein Wort wies ihn. Das Ziel war nah.

Hat meine Sünde mich verklagt,
hast du den Freispruch schon verkündet.
Wo hat ein Richter je gesagt,
er sei dem Schuldigen verbündet?
Was ich auch über mich gebracht,
dein Wort hat stets mein Heil bedacht.

In jeder Nacht, die mich umfängt,
darf ich in deine Arme fallen,
und du, der nichts als Liebe denkt,
wachst über mir, wachst über allen.
Du birgst mich in der Finsternis.
Dein Wort bleibt noch im Tod gewiß.

Jochen Klepper

Hier bin ich, Herr! Gegrüßt das Licht!
Das durch die stille Schwüle
Der müden Brust gewaltig bricht
Mit seiner strengen Kühle.
Nun bin ich frei! Ich taumle noch
Und kann mich noch nicht fassen –
O Vater, du erkennst mich doch
Und wirst von mir nicht lassen!

JOSEPH VON EICHENDORFF

Doch ich, ich weiß: mein Erlöser lebt, /
als Letzter erhebt er sich über dem Staub.
Ohne meine Haut, die so zerfetzte, /
und ohne mein Fleisch werde ich Gott schauen.
Ihn selber werde ich dann für mich schauen; /
meine Augen werden ihn sehen, nicht mehr fremd. /
Danach sehnt sich mein Herz in meiner Brust.

IJOB 19,25-27

Trostlied am Totensonntag

Deine Gnade ist mein Trost. Die Bibel

Nun sich das Herz von allem löste,
was es an Glück und Gut umschließt,
komm, Tröster, Heiliger Geist, und tröste,
der du aus Gottes Herzen fließt.

Nun sich das Herz in alles findet,
was ihm an Schwerem auferlegt,
komm, Heiland, der uns mild verbindet,
die Wunden heilt, uns trägt und pflegt.

Nun sich das Herz zu dir erhoben
und nur von dir gehalten weiß,
bleib bei uns, Vater. Und zum Loben
wird unser Klagen. Dir sei Preis!

Jochen Klepper

Wer im Schutz des Höchsten wohnt /
und ruht im Schatten des Allmächtigen,
der sagt zum Herrn: »Du bist für mich Zuflucht und Burg, /
mein Gott, dem ich vertraue.«
Er rettet dich aus der Schlinge des Jägers /
und aus allem Verderben.
Er beschirmt dich mit seinen Flügeln, /
unter seinen Schwingen findest du Zuflucht, /
Schild und Schutz ist dir seine Treue.
Du brauchst dich vor dem Schrecken der Nacht nicht zu fürchten, /
noch vor dem Pfeil, der am Tag dahinfliegt,
nicht vor der Pest, die im Finstern schleicht, /
vor der Seuche, die wütet am Mittag.

Fallen auch tausend zu deiner Seite, /
dir zur Rechten zehnmal tausend, /
so wird es doch dich nicht treffen.
Ja, du wirst es sehen mit eigenen Augen, /
wirst zuschauen, wie den Frevlern vergolten wird.
Denn der Herr ist deine Zuflucht, /
du hast dir den Höchsten als Schutz erwählt.
Dir begegnet kein Unheil, /
kein Unglück naht deinem Zelt.
Denn er befiehlt seinen Engeln, /
dich zu behüten auf all deinen Wegen.
Sie tragen dich auf ihren Händen, /
damit dein Fuß nicht an einen Stein stößt;
du schreitest über Löwen und Nattern, /
trittst auf Löwen und Drachen.
»Weil er an mir hängt, will ich ihn retten; /
ich will ihn schützen, denn er kennt meinen Namen.
Wenn er mich anruft, dann will ich ihn erhören. /
Ich bin bei ihm in der Not, /
befreie ihn und bringe ihn zu Ehren.
Ich sättige ihn mit langem Leben /
und lasse ihn schauen mein Heil.«

Psalm 91

Herr, dir ist nichts verborgen;
du kennst mein Wesen ganz.
Das Gestern, Heut und Morgen
wird hell in deinem Glanz.
Du kennst mich bis zum Grund;
ob ich mag ruhn, ob gehen,
ob sitzen oder stehen,
es ist dir alles kund.

Wenn ich zum Himmel flöge,
ich könnt dir nicht entfliehn;
wenn ich zum Abgrund zöge,
ich fände dich darin.
Trüg mich das Morgenrot
bis zu der Erde Enden,
du hieltest mich in Händen
im Leben wie im Tod.

Und wollt ich mich verhüllen
in Finsternis und Nacht,
du wirst sie ganz erfüllen
mit deines Lichtes Pracht.
Du kennst das Dunkel nicht;
die Nacht wird dir zum Tage,
und wo ich Dunkel sage,
da ist vor dir nur Licht.

Du hast geformt mein Wesen
schon in der Mutter Schoß.
Du schaust all meine Blößen,
hast mir bestimmt mein Los.
Und wollt ich zählen, Herr,
und deine Pläne fassen,
ich müsste davon lassen;
sie sind wie Sand am Meer.

Dir will ich Dank bezeugen,
der herrlich mich gemacht,
und mich voll Staunen neigen
vor deiner Werke Pracht.
Du der mich prüft und kennt,
halt mich in deinem Segen,
leit mich auf ewgen Wegen
bis an ein selig End.

MARIA LUISE THURMAIR 1971, NACH PSALM 139, GL 292

Jetzt aber – so spricht der Herr, der dich geschaffen hat, Jakob, und der dich geformt hat, Israel: Fürchte dich nicht, denn ich habe dich ausgelöst, ich habe dich beim Namen gerufen, du gehörst mir.
Wenn du durchs Wasser schreitest, bin ich bei dir, wenn durch Ströme, dann reißen sie dich nicht fort. Wenn du durchs Feuer gehst, wirst du nicht versengt, keine Flamme wird dich verbrennen.
Denn ich, der Herr, bin dein Gott, ich, der Heilige Israels, bin dein Retter. Ich gebe Ägypten als Kaufpreis für dich, Kusch und Seba gebe ich für dich.
Weil du in meinen Augen teuer und wertvoll bist und weil ich dich liebe, gebe ich für dich ganze Länder und für dein Leben ganze Völker.
Fürchte dich nicht, denn ich bin mit dir. Vom Osten bringe ich deine Kinder herbei, vom Westen her sammle ich euch.
Ich sage zum Norden: Gib her!, und zum Süden: Halt nicht zurück! Führe meine Söhne heim aus der Ferne, meine Töchter vom Ende der Erde!
Denn jeden, der nach meinem Namen benannt ist, habe ich zu meiner Ehre erschaffen, geformt und gemacht.

AUS JESAJA 43

Ach wie flüchtig, ach wie nichtig
ist der Menschen Leben!
Wie ein Nebel bald entstehet
und auch wieder bald vergehet,
so ist unser Leben, sehet!

Ach wie flüchtig, ach wie nichtig
ist der Menschen Freude!
Wie sich wechseln Stund und Zeiten,
Licht und Dunkel, Fried und Streiten,
so sind unsre Fröhlichkeiten.

Ach wie nichtig, ach wie flüchtig
sind der Menschen Sachen!
Alles, alles, was wir sehen,
das muss fallen und vergehen.
Wer Gott fürcht', wird ewig stehen.

MICHAEL FRANCK (1652), EG 528; GL 657

Mitten wir im Leben sind
mit dem Tod umfangen.
Wer ist, der uns Hilfe bringt,
dass wir Gnad erlangen?
Das bist du, Herr, alleine.
Uns reuet unsre Missetat,
die dich, Herr, erzürnet hat.
Heiliger Herre Gott,
heiliger starker Gott,
heiliger barmherziger Heiland,
du ewiger Gott,
lass uns nicht versinken
in des bittern Todes Not.
Kyrieleison.

SALZBURG 1456
NACH DER ANTIPHON »MEDIA VITA IN MORTE SUMUS«, EG 518; GL 654

Wir sind nur Gast auf Erden
und wandern ohne Ruh
mit mancherlei Beschwerden
der ewigen Heimat zu.

Die Wege sind verlassen,
und oft sind wir allein.
In diesen grauen Gassen
will niemand bei uns sein.

Nur einer gibt Geleite,
das ist der Herre Christ;
er wandert treu zur Seite,
wenn alles uns vergisst.

Gar manche Wege führen
aus dieser Welt hinaus.
O dass wir nicht verlieren
den Weg zum Vaterhaus.

Und sind wir einmal müde,
dann stell ein Licht uns aus,
o Gott, in deiner Güte;
dann finden wir nach Haus.

GEORG THURMAIR 1935, GL 656

Ich steh vor dir mit leeren Händen, Herr,
fremd wie dein Name sind mir deine Wege.
Seit Menschen leben, rufen sie nach Gott;
mein Los ist Tod, hast du nicht andern Segen?
Bist du der Gott, der Zukunft mir verheißt?
Ich möchte glauben, komm mir doch entgegen.

Von Zweifeln ist mein Leben übermannt,
mein Unvermögen hält mich ganz gefangen.
Hast du mit Namen mich in deine Hand,
in dein Erbarmen fest mich eingeschrieben?
Nimmst du mich auf in dein gelobtes Land?
Werd ich dich noch mit neuen Augen sehen?

Sprich du das Wort, das tröstet und befreit
und das mich führt in deinen großen Frieden.
Schließ auf das Land, das keine Grenzen kennt,
und lass mich unter deinen Kindern leben.
Sei du mein täglich Brot, so wahr du lebst.
Du bist mein Atem, wenn ich zu dir bete.

LOTHAR ZENETTI, ORIGINAL VON HUUB OOSTERHUIS, GL 621

8. »Was bleibt?«

Der endgültige Abschied eines nahen Menschen konfrontiert uns mit einer Flut an Fragen.

Die, deren Leben sich dem Ende neigt, bewegen die Gedanken: Was wird bleiben von meinem Leben, wenn ich gestorben bin? Von meinen Gedanken, Gefühlen, meinem Tun, meiner Liebe und meinem Ringen? Gibt es ein Land jenseits der Grenze? Wer werde ich sein, wenn ich nicht mehr hier bin, wo werde ich sein und wie? Und wird sich jemand meiner erinnern und die Spuren lesen, die ich hinterlasse?

Für Zurückbleibende beginnt die Suche nach dem verlorenen Menschen, nach dem, was ihn ausgemacht hat, nach dem, was sie festhalten möchten, bewahren vor dem Vergessen, dem endgültigen Verlieren.

CATRINA E. SCHNEIDER

Was bleibt?

Abdrücke
in der weichen Erde
der Seele und des Geistes
Oberflächenstruktur
die weitergezeichnet werden kann
in die Tiefe zu
kunstvollen Mustern
Vielleicht auch nur ein
Fingerabdruck
der – einzigartig – von mir stammt
unverkennbar
Tröstliche Gewissheit:
Ich habe gelebt und
werde Spuren hinterlassen
Ihr
dürft sie nur nicht
übersehen

CHRISTINA KUNZMANN

Ich gehe langsam aus der Welt heraus
in eine Landschaft jenseits aller Ferne,
und was ich war und bin und was ich bleibe,
geht mit mir ohne Ungeduld und Eile,
in ein bisher unbetretenes Land.

Ich gehe langsam aus der Zeit heraus
in eine Zukunft jenseits aller Sterne,
und was ich war und bin und immer bleiben werde,
geht mit mir ohne Ungeduld und Eile,
als wäre ich nie gewesen oder kaum.

HANS SAHL

Wenn ich gestorben bin,
singt keine traurigen Lieder.
Pflanzt keinen Baum über mein Grab.
Ich will ruhen unter dem Rasen,
den der Regen nässt und der Tau berührt.
Lasst mich ruhen!
Doch – wenn ihr wollt: Erinnert euch!

IRISCHER SEGENSWUNSCH

Am Ende meines Weges ist ein tiefes Tal.
Ich werde nicht weiterwissen.
Ich werde mich niedersetzen und verzweifelt sein.

Ein Vogel wird kommen und über das Tal fliegen,
und ich werde wünschen, ein Vogel zu sein.
Eine Blume wird leuchten jenseits des Abgrundes,
und ich werde wünschen, eine Blume zu sein.
Eine Wolke wird über den Himmel ziehen,
und ich werde eine Wolke sein wollen.

Ich werde mich selbst vergessen.
Dann wird mein Herz leicht werden
wie eine Feder,
zart wie eine Margerite,
durchsichtig wie der Himmel.

Und wenn ich aufblicke,
wird das Tal nur ein kleiner Sprung sein
zwischen Zeit und Ewigkeit.

INDIANISCHE WEISHEIT / WEISHEIT DER FIRST NATION

Freies Geleit

Da wird ein Ufer zurückbleiben
oder das Ende eines
Feldweges.
Noch über letzte Lichter hinaus
wird es gehen.
Aufhalten darf uns
niemand und nichts!
Da wird sein
unser Mund
voll Lachens –
Die Seele
reiseklar –
Das All
nur eine schmale Tür,
angelweit offen –

HEINZ PIONTEK

Der Mond

Wenn meine Nacht einst fällt,
die lange Nacht des Schweigens,
sodann gebeut der Herr, der alle Wunder tut,
dass eine Leuchte neu und hell am Himmel steige.

So scheine, scheine, Mond, getaucht in Sonnenglut!
Dein Antlitz tue kund, aus weiter Sternenflut,
mein Tag sei still verglüht,
doch bleibend meine Spur.

IWAN BUNIN

Jemand stirbt,
und das ist,
wie wenn Schritte verstummen.
Aber wenn es ein kurzer Aufenthalt
vor einer neuen Reise wäre?

Jemand stirbt,
und das ist,
wie wenn eine Türe zuschlägt.
Aber wenn es ein Tor wäre,
dahinter andere Landschaften
sich auftun?

Jemand stirbt.
Das ist,
wie wenn ein Baum
auf die Erde stürzt.
Aber wenn es ein Same wäre,
der in einer anderen Erde keimt?

Jemand stirbt,
und das ist vielleicht,
wie wenn in der Stille
plötzlich eine Orgel einsetzt
und die verstummte kleine Melodie eines Menschenlebens
mit allen Registern neu spielt …

BENOIT MARCHON

Wer die Fragen nicht beantwortet, hat die Prüfung bestanden.

FRANZ KAFKA

Requiem IV (Abgesang)

Fährfrau mit dem runden Hut
Hast du ihn gesehen?
Ja, sagt die Fährfrau.

Hirte mit dem toten Lamm
Hast du ihn gesehen?
Ja, sagt der Hirte.
Bergmann mit dem weißen Licht
Hast du ihn gesehen?
Ja, sagt der Bergmann.
Welchen Weges ging er, Fährfrau?
Über Wasser trockenen Fußes.
Welchen Weges ging er, Hirte?
Berghinüber leichten Atems.
Welchen Weges ging er, Bergmann?
In der Erde lag er still.
Was stand auf seinem Gesicht geschrieben?
Frieden, sagten alle. Frieden.

Marie Luise Kaschnitz

Mondnacht

Es war, als hätt der Himmel
Die Erde still geküsst,
Dass sie im Blütenschimmer
Von ihm nun träumen müsst.

Die Luft ging durch die Felder,
Die Ähren wogten sacht,
Es rauschten leis die Wälder,
So sternklar war die Nacht.

Und meine Seele spannte
Weit ihre Flügel aus,
Flog durch die stillen Lande,
Als flöge sie nach Haus.

Joseph von Eichendorff

Der Tod hat keine Bedeutung.
Ich bin nur nach nebenan gegangen.
Ich bleibe wer ich bin
und auch ihr bleibt dieselben.

Was wir einander bedeuten
bleibt bestehen.
Nennt mich bei meinem vertrauten Namen.
Sprecht in der gewohnten Weise von mir
und ändert euren Tonfall nicht.

Hüllt euch nicht in Mäntel
aus Schweigen und Kummer.
Lacht wie immer über die kleinen Scherze,
die wir teilten.

Wenn ihr von mir sprecht,
so tut es ohne jegliche Reue und Traurigkeit.
Leben bedeutet immer nur Leben.
Es bleibt so bestehen –
immer ohne Unterbrechung.

Ihr seht mich nicht,
aber in Gedanken bin ich bei euch.
Ich warte eine Zeit lang auf euch
irgendwo – ganz in der Nähe
nur ein paar Straßen weiter.

QUELLE UNBEKANNT
IN VARIATIONEN VOLKSTÜMLICH ÜBERLIEFERT – AUS IRLAND

Wie wenig nütze ich bin,
ich hebe den Finger und hinterlasse
nicht den kleinsten Strich
in der Luft.

Die Zeit verwischt mein Gesicht,
sie hat schon begonnen.
Hinter meinen Schritten im Staub
wäscht Regen die Straße blank
wie eine Hausfrau.

Ich war hier.
ich gehe vorüber
ohne Spur.
Die Ulmen am Weg
winken mir zu wie ich komme,
grün blau goldener Gruß,
und vergessen mich,
eh ich vorbei bin.

Ich gehe vorüber –
aber ich lasse vielleicht
den kleinen Ton meiner Stimme,
mein Lachen und meine Tränen
und auch den Gruß der Bäume im Abend
auf einem Stückchen Papier.

Und im Vorbeigehn,
ganz absichtslos
zünde ich die eine oder andere
Laterne an
in den Herzen am Wegrand.

HILDE DOMIN

Ein Leben nach dem Tode

Glauben Sie fragte man mich
An ein Leben nach dem Tode
Und ich antwortete: ja
Aber dann wußte ich
Keine Auskunft zu geben
Wie das aussehen sollte
Wie ich selber
Aussehen sollte
Dort

Ich wußte nur eines
Keine Hierarchie
Von Heiligen auf
goldenen Stühlen sitzend
Kein Niedersturz
Verdammter Seelen
Nur

Nur Liebe freigewordene
Niemals aufgezehrte
Mich überflutend

Kein Schutzmantel starr aus Gold
Mit Edelsteinen besetzt
Ein spinnenwebenleichtes Gewand
Ein Hauch
Mir um die Schultern
Liebkosung schöne Bewegung
Wie einst von thyrrhenischen Wellen
Wie von Wortfetzen die hin und her
Wortfetzen
Komm du komm

Schmerzweb mit Tränen besetzt
Berg- und Tal-Fahrt
Und deine Hand
Wieder in meiner
So lagen wir lasest du vor
Schlief ich ein
Wachte auf
Schlief ein
Wache auf
Deine Stimme empfängt mich
Entläßt mich und immer
So fort

Mehr also, fragen die Frager
Erwarten Sie nicht nach dem Tode
Und ich antworte
Weniger nicht

Marie Luise Kaschnitz

Geistliches Lied

Des Menschen Leib fühlt sich daheim auf Erden;
Denn alles Irdische ist ihm verwandt.
Sein Geist jedoch muss hier zum Fremdling werden,
Der Himmel ist sein wahres Heimatland.

Fünf Tore rufen ihn zur Erde heiter,
Und hinter jedem Tor gähnt das Grab.
Zum Himmel führt nur eine schmale Leiter,
Doch Gottes Engel gehen dort auf und ab.

Es jagt der Leib vergebens nach der Krone
Und sammelt Schätze an im Haus der Zeit.
Der Geist, gleich dem verbannten Königssohne,
Sehnt sich zurück ins Reich der Ewigkeit.

Mascha Kaléko

Auferstehung

Manchmal stehen wir auf
Stehen wir zur Auferstehung auf

Mitten am Tage
Mit unserem lebendigen Haar
Mit unserer atmenden Haut.

Nur das Gewohnte ist um uns,
Keine Fata Morgana von Palmen
Mit weidenden Löwen
Und sanften Wölfen.

Die Weckuhren hören nicht auf zu ticken
Ihre Leuchtzeiger löschen nicht aus.

Und dennoch leicht
Und dennoch unverwundbar
Geordnet in geheimnisvolle Ordnung
Vorweggenommen in ein Haus aus Licht.

Marie Luise Kaschnitz

Ich weiß, mein Tod wird kommen,
doch werde ich wirklich gestorben sein?
oder wird das Wehen des Windes dir allein
ein Zeichen geben – sie ist noch im Leben.
Kann das Singen der Vögel im wärmenden Sonnenschein
dir ein ewiges Zeichen sein?
Kann es dir sagen: »sie ist noch im Leben«
und dir deine Hoffnung wiedergeben?
Und wenn du einen Stern am Himmel siehst stehen,
kannst du dann denken »dort wird sie nun gehen«?
Und wenn dich die Wogen des Meeres berühren,
kannst du dann meine Zärtlichkeit spüren?
Und wenn du im Gras liegst und Blumen sich biegen,
fühlst du mich in deinen Armen liegen?
Doch wenn der Schmerz kommt, die Angst und das Bangen,
dann bleibe ganz ruhig,
ich bin nicht tot, nur etwas weiter weggegangen …

SYLVIA BRATHUHN

Die Ehegatten

Es waren einmal ein Mann und eine Frau, die lebten in Frieden miteinander und hatten sich so lieb, wie es besser nicht möglich war. Als sie so lebten, redeten sie einmal miteinander, und der Mann sagte zu seiner Frau: »Wenn ich sterbe, wirst du dir einen anderen Mann nehmen«, und die Frau sagte darauf: »Und du nimmst dir sicher eine andere Frau, du bleibst nicht ledig.«

Aber einer glaubte dem anderen nicht. Dann machten sie miteinander aus, dass weder er noch sie wieder heiraten wollten. Da starb die Frau. Erst lebte der Mann eine Weile ohne Frau, weil er überhaupt nicht wieder heiraten wollte.

Als aber eine Zeit vergangen war, dachte er: »Was soll ich nun um sie trauern? Ich heirate wieder.« Und er nahm sich eine Frau. Schon wollte er sie zur Trauung führen, da fiel ihm ein: »Ach, ich will doch zu meiner Frau gehen und ihr Lebewohl sagen, die Tote um Verzeihung bitten.« Er ging hin und verbeugte sich am Grabe: »Verzeih mir! Ich gehe zur Trauung, ich heirate wieder.«

Da öffnete sich das Grab – die Braut war bei der Kirche stehen geblieben, während der Mann seine verstorbene Frau besuchte –, und sie rief ihn zu sich: »Komm, komm, fürchte dich nicht, komm hierher!«

Sie rief ihn ins Grab und sagte zu ihm: »Weißt du nicht, was wir uns versprochen hatten, dass der nicht wieder heiraten sollte, der übrig bleibe?« Und sie forderte ihn auf, auf dem Sarge zu sitzen.

»Trinkst du Wein?«, sagte die Frau zu ihm. Und sie gab ihm einen Becher, und der Mann trank. Dann wollte er fortgehen. Aber sie bat: »Bleib noch hier und lass uns vertraulich plaudern!« Und der Mann blieb und plauderte. Sie goss ihm einen zweiten Becher ein, und der Mann trank wieder. Dann stand er wieder auf und wollte gehen, aber wieder sagte sie: »Lass uns plaudern!« Und der Mann blieb und plauderte.

– Zu Hause hielten sie eine Andacht, weil sie glaubten, der Mann sei gestorben. Die Braut wartete und wartete und ging schließlich zu ihren Eltern zurück. –

Und sie gab ihm einen dritten Becher und immer noch bat sie ihn zu bleiben. Endlich ließ sie ihn fort: »Geh nun hin!«, sagte sie.

Da ging der Mann fort. Er kam zu der Kirche, aber da war kein Pfarrer mehr, nichts mehr – und er selbst war grau wie ein alter Wiedehopf, weil er dreißig Jahre im Grab gewesen war.

FINNISCHES MÄRCHEN

Wenn ich wie schlafend

Wenn ich wie schlafend meine Lider schließe
Erwacht dein Bild so himmelgroß in mir
An meiner wunden Seite liegt dein Haar
Und jeder meiner Atemzüge atmet dich,
als seist du wahr.
Aus dem kristallnen Schweigen
unsrer fassungslosen Nächte
erwächst mir schimmernd Perlentau
rinnt über müde Haut mir Trost zu sein,
wenn sich der Morgen krümmt, allein

Wenn alles sich am letzten Tag entgrenzt,
berühren sich die Flügel der zerstreuten Winde
Es feiern Hochzeit alle, die sich lange suchten.
Und das, was sich im Müssen und im Solln verloren gab,
lässt neue Liebe wachsen stark und jeder Art.

CATRINA E. SCHNEIDER

Die zwei Kammern

Eines Tages begegnete ich einer alten Frau.

Ihr Gesicht hatte Furchen, kreuz und quer. Über ihren Augen zogen sich traurige Linien zusammen, aber in ihren alten Wangen waren die Grübchen ihres Lachens geblieben. Sie schaute mich an und sagte: »In deinem Gesicht ist lauter Trauer, deine Augen sind ohne Glanz, und dein Mund ist hart geworden.«

»Ich bin in Trauer«, sagte ich entschuldigend.

Da sagte die alte Frau: »Richte in deinem Herzen zwei Kammern ein, eine für die Freude und eine für die Trauer. Kommt Trauer über dich, dann öffne die Kammer der Trauer. Kommt aber Freude über dich, dann öffne die Kammer der Freude. Den Toten ist wohler in den Kammern der Freude.«

CHARLOTTE KNÖPFLI-WIDMER

an dich gedacht
heut hab ich erst ganz spät
an dich gedacht
und diesen tag in meinem
eignen jetzt verbracht
ich hab gelebt, gesungen und gelacht
und diesen tag in meinem
eignen jetzt verbracht
heut hab ich erst ganz spät
an dich gedacht
in meinen träumen
bleibt die schatz bewacht
nachttau und tränen
geben auf ihn acht
im traum hast du gelebt, gesungen und gelacht
nachttau und tränen geben auf dich acht
in meinen träumen
bleibt dein schatz bewacht
heut hab ich erst ganz spät
an dich gedacht

CATRINA E. SCHNEIDER

Bangigkeit

Dich zu verlassen, bangt mein Menschsein
doch sind nicht alle Himmel aufgetan?
Und weiß ich nicht, daß neue Erden nahn,
wenn du es einst vergißt, daß ich noch bin?
Warum steht schwarz ein Engel vor der Tür,
und Schlangen sind der Efeu meiner Wand?
Noch dienen Mond und manche Sterne mir,
an ihrem Fenster wärme ich die Hand.
Sie zu verlassen bangt mein Menschsein.
Geht es zu Ende? Geht es zum Beginn?

ROSE AUSLÄNDER

Bevor du gehst

bevor wir dich
in deine
neue Heimat geben
lass deinen Segen
hier für das
was war und ist und einmal wird
bevor wir dich
in mütterliche Erde
und Engel dich zum Himmel heben
– an eine Hölle glaub ich nicht –
lass deine Liebe bleiben
für uns und mich
und alle hier
Bevor du gehst
berühr mich einmal noch
im Traum
denn ich muss sehn
ob es dir gut ergeht
dein Lächeln lebt
bevor du gehst
wohin dir
niemand folgt
nimm all die Schätze
mit auf deine
leise Reise
was dir und mir
als Glück erschien
das hebe auf, bewahre
bis wir uns wiedersehen
irgendwo
und ganz gewiss

CATRINA E. SCHNEIDER

An meine Enkel

Ich werde für euch eine Sage sein
Aus einer versunkenen Zeit:
Denn als ich starb. Da wart ihr noch klein
In Windel und Kinderkleid.

Erinnerungen bringen zurück
Was mir begegnet war.
Sie berichten euch von Leid und von Glück
mit dem ich gesegnet war.

Sie erzählen euch von einem Mann
der euren Vater geliebt
der nun, wie nur ein Vater es kann
diese Liebe weitergibt.

Besteht diese Welt! In Freude und Leide
Vertraut Gott unverwandt!
Christine und Daniel: Ich segne euch beide
Aus fernem, verborgenem Land.

ERNST GINSBERG

Ich erinnere euch, Brüder, an das Evangelium, das ich euch verkündet habe. Ihr habt es angenommen; es ist der Grund, auf dem ihr steht. Durch dieses Evangelium werdet ihr gerettet, wenn ihr an dem Wortlaut festhaltet, den ich euch verkündet habe. Oder habt ihr den Glauben vielleicht unüberlegt angenommen?

Denn vor allem habe ich euch überliefert, was auch ich empfangen habe: Christus ist für unsere Sünden gestorben, / gemäß der Schrift, und ist begraben worden. / Er ist am dritten Tag auferweckt worden, / gemäß der Schrift, und erschien dem Kephas, dann den Zwölf.

Danach erschien er mehr als fünfhundert Brüdern zugleich; die meisten von ihnen sind noch am Leben, einige sind entschlafen. Danach erschien er dem Jakobus, dann allen Aposteln. Als Letztem von allen erschien er auch mir, dem Unerwarteten, der «Missgeburt».

Denn ich bin der geringste von den Aposteln; ich bin nicht wert, Apostel genannt zu werden, weil ich die Kirche Gottes verfolgt habe. Doch durch Gottes Gnade bin ich, was ich bin, und sein gnädiges Handeln an mir ist nicht ohne Wirkung geblieben. Mehr als sie alle habe ich mich abgemüht – nicht ich, sondern die Gnade Gottes zusammen mit mir.

Ob nun ich verkündige oder die anderen: das ist unsere Botschaft, und das ist der Glaube, den ihr angenommen habt.

Wenn aber verkündigt wird, dass Christus von den Toten auferweckt worden ist, wie können dann einige von euch sagen: Eine Auferstehung der Toten gibt es nicht? Wenn es keine Auferstehung der Toten gibt, ist auch Christus nicht auferweckt worden. Ist aber Christus nicht auferweckt worden, dann ist unsere Verkündigung leer und euer Glaube sinnlos. Wir werden dann auch als falsche Zeugen Gottes entlarvt, weil wir im Widerspruch zu Gott das Zeugnis abgelegt haben: Er hat Christus auferweckt. Er hat ihn eben nicht auferweckt, wenn Tote nicht auferweckt werden. Denn wenn Tote nicht auferweckt werden, ist auch Christus nicht auferweckt worden. Wenn aber Christus nicht auferweckt worden ist, dann ist euer Glaube nutzlos und ihr seid immer noch in euren Sünden; und auch die in Christus Entschlafenen sind dann verloren. Wenn wir unsere Hoffnung nur in diesem Leben auf Christus gesetzt haben, sind wir erbärmlicher daran als alle anderen Menschen.

Nun aber ist Christus von den Toten auferweckt worden als der Erste der Entschlafenen. Da nämlich durch einen Menschen der Tod gekommen ist, kommt durch einen Menschen auch die Auferstehung der Toten. Denn wie in Adam alle sterben, so werden in Christus alle lebendig gemacht werden.

Erster Brief an die Korinther 15,1-22

Doch ich weiß:
Mein Erlöser lebt, als Letzter erhebt er sich über den Staub.
Ohne meine Haut, die so zerfetzte, und ohne mein Fleisch
werde ich Gott schauen.
Ihn selber werde ich dann für mich schauen;
meine Augen werden ihn sehen, nicht mehr fremd.
Danach sehnt sich mein Herz in meiner Brust.

Ijob 19,25-27

Denn Gott hat den Tod nicht gemacht und hat keine Freude am Untergang der Lebenden. Zum Dasein hat er alles geschaffen.

Weisheit 1,13-14a

Der Herr ist mein Hirte,
nichts wird mir fehlen.
Er lässt mich lagern auf grünen Auen
Und führt mich zum Ruheplatz am Wasser.
Er stillt mein Verlangen;
Er leitet mich auf rechten Pfaden, treu seinem Namen.
Muss ich auch wandern in finsterer Schlucht,
ich fürchte kein Unheil;
denn du bist bei mir,
dein Stock und dein Stab geben mir Zuversicht.
Du deckst mir den Tisch vor den Augen meiner Feinde.
Du salbst mein Haupt mit Öl,
du füllst mir reichlich den Becher.
Lauter Güte und Huld werden mir folgen mein Leben lang,
und im Haus des Herrn darf ich wohnen für lange Zeit.

Psalm 23,1-6

Quellen

S. 10 Rose Ausländer, »Drei Buchstaben« (Ich gehe ihm aus dem Weg / ...). Aus: Dies.: Hügel aus Äther unwiderruflich. Gedichte und Prosa 1966-1976. © S. Fischer Verlag GmbH, Frankfurt am Main 1984.

S.10 Kurt Marti, »Wunsch«. aus: Kurt Marti, Der Traum, geboren zu sein. Ausgewählte Gedichte. © 2003 Nagel & Kimche im Carl Hanser Verlag. München-Wien.

S. 12 André Gide, Zitiert nach Dr. med. Joachim Hensel, Über den Sinn des Leidens, Lahnstein 1984, S. 80.

S. 13 Anne Steinwart, »Die anderen Brücken«, © Anne Steinwart, Steinheim.

S. 17 Ina Seidel, »Trost«. Aus: Ina Seidel, Neue Gedichte. © 1926 Deutsche Verlags-Anstalt GmbH, Stuttgart.

S. 17 Maarten 't Hart, »Mir war klar ...« (Auszug). Aus: Maarten 't Hart: Gott fährt Fahrrad oder Die wunderliche Welt meines Vaters. Aus d. Niederl. v. Marianne Holberg. © 2000 by Arche Verlag AG, Zürich-Hamburg.

S. 18 Jewgenij Jewtuschenko, »Wenn ein Mensch stirbt ...« (Gedichtanfang). Aus: Jewgenij Jewtuschenko: Ausgewählte Gedichte. Nachdichtungen von Rainer Brambach, Beat Brechbühl, René Drommert, Otto Jägersberg, Günter Kunert,

S. 18 Linus David, »Was mich bedrückt«. Aus: Linus David, In deine Hände. Gedanken über das Sterben. © 1979 Lahn-Verlag, Limburg-Kevelaer, S. 16.

S. 20 Dietrich von Hildebrand, »[Der Tod] ist das Ende«. Aus: Ders.: Über den Tod. EOS-Verlag St. Ottilien 1980.

S. 22 Ernst Bloch, »Wer wir sind ...«. Aus: Ernst Bloch: Spuren. © Suhrkamp Verlag, Frankfurt 1959, S. 196.

S. 28 Rose Ausländer, »Blindlings«. Aus: Dies.: Jeder Tropfen ein Tag. Gedichte aus dem Nachlaß. © S. Fischer Verlag GmbH, Frankfurt am Main 1990.

S. 28f. Mitch Albom, »Schließlich ...«. © Mitch Albom. Dienstags bei Morrie, deutschsprachige Ausgabe erschienen 1999 im Wilhelm Goldmann Verlag, München, einem Unternehmen der Verlagsgruppe Random House GmbH.

S. 29 Angelika Aliti, »Was ist es ...«. Aus: Dies.: Die Sucht unsterblich zu sein. Warum der Mensch den Tod fürchtet und darüber sein Leben versäumt. Kreuz-Verlag Stuttgart 1991. © Angelika Aliti.

S. 30 Peter Noll, »Meine Erfahrung ...«. Aus: Peter Noll: Diktate über Sterben und Tod. © Pendo Verlag GmbH, Zürich, 2001.

S. 31 Rose Ausländer, »Noch bist du da«. Aus: Dies.: Ich höre das Herz des Oleanders. Gedichte 1977-1979. © S. Fischer Verlag GmbH, Frankfurt am Main 1984.

S. 31f. Maxie Wander, »Ich habe keine Probleme mehr ...«. Rechteinhaber leider unbekannt.

S. 33 Maxie Wander, »16. Juli 1977«. Rechteinhaber leider unbekannt.

S. 34 Mascha Kaléko, »Nachts«. Aus: Mascha Kaléko, In meinen Träumen läutet es Sturm. © 1977 Deutscher Taschenbuch Verlag, München.

S. 34f. Mitch Albom, »Jemand hat mir gestern ...«. © Mitch Albom. Dienstags bei Morrie, deutschsprachige Ausgabe erschienen 1999 im Wilhelm Goldmann Verlag, München, einem Unternehmen der Verlagsgruppe Random House GmbH.

S. 35f. Simone de Beauvoir, »Trage mich ans Fenster«. Aus: Dies: Alle Menschen sind sterblich. Deutsche Übersetzung von Eva Rechel-Mertens. Copyright © 1949 by Rowohlt Verlag GmbH, Stuttgart.

S. 37 Mascha Kaléko, »Altmodisches Uhrenlied«. Aus: Mascha Kaléko, In meinen Träumen läutet es Sturm. © 1977 Deutscher Taschenbuch Verlag, München.

S. 37 Maxie Wander, »Brief«. Rechteinhaber leider unbekannt.

S. 38 Sylvia Brathuhn, »Lebendiges Leben«. © Sylvia Brathuhn.

S. 38f. Maarten ´t Hart, »Und dann wurde …« (Auszug). Aus: Maarten ´t Hart: Gott fährt Fahrrad oder Die wunderliche Welt meines Vaters. Aus d. Niederl. v. Marianne Holberg. © 2000 by Arche Verlag AG, Zürich-Hamburg.

S. 40 Catrina E. Schneider, »Vielleicht«. © Catrina E. Schneider.

S. 40 Ruth Picardie, »Ich kann noch immer nicht ganz glauben …«. Aus: Ruth Picardie: Es wird mir fehlen, das Leben. Deutsche Übersetzung von Kim Schwaner. Copyright © 1999 by Rowohlt Verlag GmbH, Reinbek bei Hamburg.

S. 41f. Mitch Albom, »Ich habe mir einen Platz ausgesucht, …«. © Mitch Albom, Dienstags bei Morrie, deutschsprachige Ausgabe erschienen 1999 im Wilhelm Goldmann Verlag, München, einem Unternehmen der Verlagsgruppe Random House GmbH.

S. 42 Claire Hausmann, »Irgendwann«. Aus: »Frau + Mutter« 11/95.

S. 43 Manfred Hausmann, »Ich muß sterben.« Aus: Manfred Hausmann: Martin Isabel Andreas. © 1980 Manfred Hausmann, MIA, erschienen im C. Bertelsmann Verlag, München, einem Unternehmen der Verlagsgrupe Random House GmbH.

S. 44 Werner Kallen, »Kleine Bitte«. © beim Autor.

S. 46 Felicitas Kretschmann, »Nie mehr wird sein was war«. © Felicitas Kretschmann.

S. 46 Werner Kallen, »Ad notam«. © beim Autor.

S. 50 Thomas Mann, »Der Reisende«, aus: Der Tod in Venedig. In: Ders.: Gesammelte Werke in dreizehn Bänden, Band VIII. Erzählungen. © S. Fischer Verlag GmbH, Frankfurt am Main 1960, 1974.

S. 50f. Peter Noll, »6. Juli 1982«. Aus: Peter Noll: Diktate über Sterben und Tod. © Pendo Verlag GmbH, Zürich, 2001.

S. 51 Hilde Domin, »Haus ohne Fenster«. Aus: Dies.: Gesammelte Gedichte. © S. Fischer Verlag GmbH, Frankfurt am Main 1987.

S. 53 Mascha Kaléko, »Nachts gegen Drei«. Aus: Mascha Kaléko, In meinen Träumen läutet es Sturm. © 1977 Deutscher Taschenbuch Verlag, München.

S. 54 Hilde Hofmann, »So lange währt die Nacht«. Aus: Die Tage, die uns nicht gefallen. Brunnen Verlag Gießen.

S. 54f. Catrina E. Schneider, »Unter dem stumm gewordnen Mond«. © Catrina E. Schneider.

S. 55 Eduard Zwierlein, »Es ist kalt«. © Eduard Zwierlein.

S. 56 Eduard Zwierlein, »Allein«. © Eduard Zwierlein.

S. 57 Wystan Hugh Auden, »Anhalten alle Uhren« (deutsche Fassung von Hanno Helbling). Aus: Wystan Hugh Auden: Anhalten alle Uhren. © Pendo Verlag GmbH, Zürich, 2002.

S. 58 Peter Wust, »Um Gotteswillen«. Aus: Karl Pfleger: Dialog mit Peter Wust. Briefe und Aufsätze. © Verlag Herder, Freiburg im Breisgau.

S. 59 Ida Lamp, »Mein Glaube«. © Ida Lamp.

S. 60 Ida Lamp, »Psalm«. © Ida Lamp.

S. 61 Anneliese Lissner, »Höre mich an, Gott«. © Anneliese Lissner, Erkrath.

S. 61 Anneliese Lissner, »Mein Gott«. © Anneliese Lissner, Erkrath.

S. 64f. Anneliese Lissner, »Mein Gott, mein Gott, warum …«. © Anneliese Lissner, Erkrath.

S. 67 Johann Christoph Hampe, »Bitten eines Sterbenden«, Aus: Ders.: Sterben ist doch ganz anders, Kreuz-Verlag Stuttgart. © Susanne Stein-Hampe.

S. 68 Max Feigenwinter, »Ich brauche es …«. Aus: Ders.: Ganz einfach Mensch sein, noah-Verlag, CH-Oberegg. © beim Autor.

S. 69 Matt Seaton, »Ich wünsche nur«. Aus: Ruth Picardie: Es wird mir fehlen, das Leben. Deutsche Übersetzung von Kim Schwaner. Copyright © 1999 by Rowohlt Verlag GmbH, Reinbek bei Hamburg.

S. 70f. Carola Spilling, »Zuhören«. Rechteinhaber leider unbekannt.

S. 71 Walther Goes, »Jeder Mensch«. Rechteinhaber leider unbekannt.

S. 72 Reiner Kunze, »Rudern zwei«. Aus: Ders.: gedichte. S. Fischer Verlag 2001. © Reiner Kunze.

S. 73 Henning Mankell, »Nelio lag …« (Auszug). Aus: Henning Mankell: Der Chronist der Winde. Aus dem Schwedischen von Verena Reichel. © Paul Zsolnay Verlag Wien 2000.

S. 73f. Hilde Hofmann, »Als gehörte ich nicht mehr dazu«. Aus: Die Tage, die uns nicht gefallen. Brunnen Verlag Gießen.

S. 75 Sylvia Brathuhn, »Sturz aus der Sicherheit«. © Sylvia Brathuhn.

S. 76 Hilde Hofmann, »Es bedeutet mehr«. Aus: Die Tage, die uns nicht gefallen. Brunnen Verlag Gießen.

S. 77 Friedrich Karl Barth, Peter Horst, »Wenn es so weit sein wird«. Text: Friedrich Karl Barth, Peter Horst; Musik: Peter Janssens. Aus: Uns allen blüht der Tod, 1979, alle Rechte im Peter Janssens Musik Verlag, Telgte-Westfalen.

S. 78 Ida Lamp, »Wohl allen«. © Ida Lamp.

S. 79 Hildegard Kremer, »Intensivstation« (Begleittext zu »Sterbehilfe«). Aus: Blickpunkt Leben, Verlag Butzon & Bercker 1982. © bei der Autorin.

S. 80 Peter Noll, »Das Gespräch«. Aus: Peter Noll: Diktate über Sterben und Tod. © Pendo Verlag GmbH, Zürich, 2001.

S. 80 Eduard Zwierlein, »Fragen«. © Eduard Zwierlein.

S. 82 Catrina E. Schneider, »Letzte Worte«. © Catrina E. Schneider.

S. 84 Eva Zeller, »Golgatha«. Rechteinhaber leider unbekannt.

S. 85 Rudolf Otto Wiemer, »Anlässlich eines Todes«. Aus: Rudolf Otto Wiemer, Wortwechsel, Berlin 1973. © Wolfgang Fietkau Verlag, Kleinmachnow.

S. 86 Gina Ruck-Pauquèt, »Warum«. Aus: Hans-Joachim Gelberg (Hrsg.), Geh und spiel mit dem Riesen. 1971 Beltz & Gelberg in der Verlagsgruppe Beltz, Weinheim & Basel.

S. 87 Martin Walser, »Büchner«. Aus: Martin Walser: Woran Gott stirbt. Dankrede zur Verleihung des Georg-Büchner-Preises 1981. In: Preis-Reden 1972–1983, Stuttgart 1987. © Martin Walser.

S. 87 Ida Lamp, »Mein Herz ruft«. © Ida Lamp.

S. 88 Martin Gutl, »Stehen bleiben«. Rechteinhaber leider unbekannt.

S. 92 Johann Christoph Hampe, »Eine Gewalt«. Aus: Ders.: Sterben ist doch ganz anders, Kreuz-Verlag Stuttgart. © Susanne Stein-Hampe.

S. 92f. Catrina E. Schneider, »Dass ich mich so gerne entferne, …«. © Catrina E. Schneider.

S. 93f. Ernst Ginsberg, »Die Wahrheit«. Aus: Ernst Ginsberg, Abschied. Erinnerungen, Theateraufsätze, Gedichte. Hg. v. Elisabeth Brock-Sulzer. © 1965, 1991 by Verlags AG Die Arche, Zürich.

S. 96 Nelly Sachs, »Hiob«. Aus: Nelly Sachs: Fahrt ins Staublose. © Suhrkamp Verlag Frankfurt 1961.

S. 97 Hilde Hofmann, »Genug!« Aus: Die Tage, die uns nicht gefallen. Brunnen Verlag Gießen.

S. 98 Ida Lamp, »Ich stille nicht«. © Ida Lamp.

S. 98 Catrina E. Schneider, »Spiegel«. © Catrina E. Schneider.

S. 99 Ernst Ginsberg, »Psalm«. Aus: Ernst Ginsberg, Abschied. Erinnerungen, Theateraufsätze, Gedichte. Hg. v. Elisabeth Brock-Sulzer. © 1965, 1991 by Verlags AG Die Arche, Zürich.

S. 102 Max Feigenwinter, »Schweige und höre«. Aus: Max Feigenwinter: Einander Engel sein. Gedanken zur Weihnachtszeit. © Verlag am Eschbach der Schwabenverlag AG, Eschbach/Markgräflerland, 2. Auflage 2003.

S. 102 Wilhelm Bruners, »Seit ich weiß«. © beim Autor.

S. 103 Sylvia Brathuhn, »Was bleibt zurück?«. © Sylvia Brathuhn.

S. 104 Hannelore Frank, »Wenn man weiß«. Rechteinhaber leider unbekannt.

S. 105 Ruth Picardie, »Und ich habe«. Aus: Ruth Picardie: Es wird mir fehlen, das Leben. Deutsche Übersetzung von Kim Schwaner. Copyright © 1999 by Rowohlt Verlag GmbH, Reinbek bei Hamburg.

S. 106 Michael Ende, »Siehst du, Momo«. Aus: Michael Ende, MOMO. © 1973 by Thienemann Verlag (Thienemann Verlag GmbH), Stuttgart – Wien.

S. 107 Catrina E. Schneider, »Stille, rosa Reise«. © Catrina E. Schneider.

S. 108 Julie Hausmann, »Ob ich auch ...«. Rechteinhaber leider unbekannt.

S. 109 Bert Brecht, »Als ich im weißen Krankenzimmer«. Aus: Hans-Harald Müller, Brechts frühe Lyrik, Fink-Verlag München 2002.

S. 110 Alfred Delp, »Auf jeden Fall«. Aus: Alfred Delp, Im Angesicht des Todes, Herder-Verlag, Freiburg. Rechte bei der Deutschen Provinz der Jesuiten, München.

S. 111 Eduard Zwierlein, »Lebenslauf«. © Eduard Zwierlein.

S. 111 Rabindranath Tagore [(1861-1914), indischer Dichter und Philosoph], »Den Schlüssel«. Aus: Karl Stanjek (Hg.): Altenpflege Konkret. Sozialwissenschaften. 2. Auflage 2001. © Elsevier GmbH, Urban & Fischer Verlag München.

S. 112 Rose Ausländer, »Trennung«. Aus: Dies., Im Aschenregen die Spur deines Namens. Gedichte und Prosa 1976. © S. Fischer Verlag GmbH, Frankfurt am Main 1984.

S. 115 Lene Mayer-Skumanz, »Jetzt kann Gott kommen«. Aus: Schenk dir Zeit 2. Verlag Evang. Presseverband für Baden e. V., Karlsruhe 2000.

S. 116f. Ernst Ginsberg, »Choral«. Aus: Ernst Ginsberg, Abschied. Erinnerungen, Theateraufsätze, Gedichte. Hg. v. Elisabeth Brock-Sulzer. © 1965, 1991 by Verlags AG Die Arche, Zürich.

S. 119 Ida Lamp, »In jedem Segen«. © Ida Lamp.

S. 119 Carl Zuckmayer, »Beim Einschlafen denke ich manchmal ...«. Aus: Der Rattenfänger. © S. Fischer Verlag GmbH, Frankfurt am Main 1975.

S. 120 Friedolin Stier, »An das äußerste Ende«. Aus: Friedolin Stier, Vielleicht ist irgendwo Tag. © Verlag Herder, Freiburg im Breisgau, 9. Auflage 1997.

S. 121 Renate Dworak, »Wenn der Tod uns begegnet«. © Renate Dworak, Mitarbeiterin im Sozialen Dienst eines Altenheims, entstanden während des Hospizhelferkurses beim Koblenzer Hospizverein.

S. 122 Hilde Domin, »Wen es trifft« (»Keine Katze mit sieben Leben«). Aus: Dies., Gesammelte Gedichte. © S. Fischer Verlag GmbH, Frankfurt am Main 1987.

S. 122 Alfred Delp, »Dulce refrigerium«. Aus: Alfred Delp, Im Angesicht des Todes, Herder-Verlag, Freiburg. Rechte bei der Deutschen Provinz der Jesuiten, München.

S. 123 Viktor E. Frankl, »Für gewöhnlich«, Aus: Ders., Der Mensch vor der Frage nach dem Sinn. © Piper Verlag GmbH, München 1982.

S. 124 Catrina E. Schneider, »Du große Wachsamkeit«. © Catrina E. Schneider.

S. 125 Mascha Kaléko, »Kurzes Gebet«, Aus: Mascha Kaléko, In meinen Träumen läutet es Sturm. © 1977 Deutscher Taschenbuch Verlag, München.

Für freundlich erteile Abdruckgenehmigungen danken wir allen Autorinnen, Autoren und Verlagen. Trotz intensiver Bemühungen war es leider nicht bei allen Texten möglich, den/die Rechtsinhaber/in ausfindig zu machen. Für Hinweise sind wir dankbar. Rechtsansprüche bleiben gewahrt.